# 이 땅에서 우리말로 철학하기

# 차례
Contents

# 우리의 생활세계에 바탕을 둔 이론 모색

## 서양 과학에 의해 식민지화된 우리의 삶의 세계

지금 우리는 세계화 시대에 매우 익숙해져 있다. 세계적인 명성을 갖고 있는 석학들이 자기 집 드나들 듯이 한국을 찾아 강연도 하고 인터뷰도 하기에 이제 그들의 출연 자체는 큰 뉴스거리가 되지 못한다. 신문에도 한 달이 멀다하게 유명 외국 학자들과 칼럼니스트의 글이 게재되고 있다. 이제는 웬만큼 유명한 학자가 와서 강연을 해서는 좀처럼 많은 청중이 몰려들지 않는다. 그동안 우리의 지식수준이 높아져서 이제 더 이상 그들의 가르침이 필요 없게 되어서일까? 아니면 그런 전시형 행사에 싫증이 나서일까? 아니면 정작 그들이 우리의 가려운 곳을 제대로 긁어주지 못해서일까?

그러나 1996년 위르겐 하버마스와 리처드 로티가, 1998년 카를 오토 아펠과 앤서니 기든스가 왔을 때에는 사정이 달랐다. 강연장은 청중들로 발 디딜 틈이 없을 지경이었고 거금을 주고도 서로 그들을 모셔가려고 여러 학회와 학술단체에서 행한 온갖 로비가 판을 쳤다. 한국에서 이름만 대면 알 만한 유명 교수들은 앞다투어 그들의 눈도장을 받으려 했고 그들과 기념사진을 찍어 친분을 과시하려 했다. 그리고 한국의 학자들은 세계적인 석학인 그들에게, 한국의 현실에 대해, 한국 인권운동의 미래와 전망에 대해 질문하며 조언을 구했고, 한국의 노동운동의 나아갈 방향에 대해 물음을 던지며 자문을 구했다. 그러나 이들 세계석학들은 '겸손하게' 그와 같은 한국의 문제들은 당사자인 한국인들이 더 잘 알 것이라고 말하며 직접적인 대답을 피했다. 오히려 한국의 역사와 전통에 놀란 하버마스는 한국인들도 서양 철학에 대해서는 대단한 수준에 올랐으니 이제 불교와 유교와 같은 한국의 전통사상에 눈을 돌려보라고 점잖게 충고를 하였다.

살아있는 20세기의 대표적인 석학이라 칭송받는 하버마스는 현대의 생활세계가 과학에 의해 식민지화되었다고 걱정하는 철학자이다. 그에게 있어 생활세계는 본디 과학이 발원해 나온 자궁이며 태반이다. 그런데 과학은 자신의 유래를 망각하고 생활세계를 자신의 잣대인 합리성과 계량성을 갖고 획일화시키며 질식시키고 있다. 하버마스는 이러한 과학의 횡포로부터 생활세계를 해방시킬 것을 외치며 과학의 합리성이 아닌 생활세계 이성을 복원시켜야 한다고 주장하였다.

그렇다면 이 땅 한국, 우리의 생활세계는 어떠한가? 우리의 생활세계도 예외가 아니다. 우리의 생활세계 역시 과학에 의해 식민지화된 지 아주 오래다. 그런데 우리에게 더 큰 문제는 그 과학이 우리의 생활세계에서 발원해 나온 것이 아니라는 데에 있다. 더욱이 문제의 심각성은 소위 학자들이 이러한 과학(학문)과 생활세계의 연관관계를 전혀 고려해 넣지 않고, 과학이니까 학문이니까 그것이 당연히 보편성을 띠고 있다고 믿어버리는 정신(태도)의 식민성에 있다.

한국에서도 프로이트의 정신분석학은 한국인의 정신치료에 많이 활용되고 있다. 한국에서 소위 배웠다는 사람치고 '오이디푸스 콤플렉스'라는 용어를 모르는 사람은 없을 것이다. 그런데 우리가 잊지 말아야 할 것은, 그 용어는 보편적인 진리를 표현하고 있는 것이 아니라 특정한 삶의 맥락에서 만들어져 나온 이론의 산물이라는 점이다. 그것은 서양사람의 길고 긴 역사와 문화, 그리고 거기에 뿌리를 내리고 있는 그들의 생활 속에서 서서히 형성되어 온 서양인들의 심리와 밀접하게 연관되어 있는 이론이며 용어이다. 그런 이론과 용어가 서양에서 잘 나가는 과학이기에 직수입하여 우리의 생활세계에 적용시켜 이 땅의 어린아이들을 몽땅 오이디푸스 콤플렉스 환자로 만드는 것이 얼마나 무서운 식민행위인가를 깨달아야 한다.

이것은 단지 하나의 예일 뿐이다. 이런 예들은 우리의 모든 학문(과학)분야에서 얼마든지 찾아낼 수 있다. 하버마스의 이론을 앵무새처럼 뒤따라 되뇌이지 말고 정말로 스스로 '철학'하여 하버마스가 전하고자 하는 메시지를 제대로 알아들어야 한다. 그러기 위해서 무엇보다도 먼저 우리가 해야 할 일은 우리의 생활세계를 서양 과학(학문)의 식민지화로부터 해방시키고 서양 이론의 중독으로부터 우리 자신을 구해야 한다. 하지만 문제는 정작 학문하는 사람들이 이런 사실을 의식하지 못하고 있다는 데에 있다.

## 우리의 생활세계에 바탕한 이론(학문) 세우기

앎(지식, 이론, 학문)은 삶에 뿌리를 두고 있다. 삶이 펼쳐지는 우리의 생활세계가 삶의 바탕이며 앎의 태반이다. 생활세계는 앎(이론·학문)의 출발점이자 귀착점이며, 앎의 보고이고 본보기이며 원천이다.

배움을 찾는 모든 이들은 삶에서 부딪치는 어려움과 문제를 잘 풀고 해결하여 보다 나은 삶, 의미 있는 삶을 추구하려고 노력한다. 그들은 삶의 현장에서 부딪치는 문제를 앎의 차원에서 묻고 생각하고, 나아가 삭이고 되삭여서 삶에 되먹여 삶을 의미있게 만들려고 애쓴다. 앎은 보다 나은 세계를 만들기 위한 인간의 욕망에 바탕하고 있다.

그런데 아주 오래전부터 우리 생활세계가 거의 모든 면에서 균형을 상실하고 있다. 우리는 자연과 사람 '사이', 사람과 사람 '사이', 문명과 사람 '사이'가 극도로 파괴되는 혼돈의 시대를 살고 있다. 거기에 덧붙여 한국인은 앎에서도 삶에 필요한 정보와 방향을 얻지 못하는 삶과 앎 '사이'의 괴리 속에서 삶을 살고 있다.

우리는 '삶 따로 앎 따로', 일상과 학문, 실천과 이론이 따로따로 분리되어 아무런 연결 없이 따로 노는 극도의 '궁핍의 시대'에 살고 있다. 우리는 학교에서 배운 이론이 현실에서는 거의 도움이 되지 않는 '이론소외, 이론척박, 이론부재'의 삶을 살고 있는 것이다. 그 까닭은 그 이론이 우리의 생활에서 만들어진 자생적 이론이 아니라, 수입된 이론, 때 지난 낡은 이론, 삶에서 이끌려나오지 않은 이론이기 때문이다.

우리 앎(이론)의 세계, 학문세계는 외국이론의 대리전쟁터를 방불케 한다. 우리 생활세계는 외국이론에 의해 식민지화되어 있다. 이렇게 된 데에는 외국의 이론을 반성 없이 수용해 책임 없이 퍼뜨린 지식인의 책임이 가장 크다. 게다가 우리의 세상을 보는 눈, 삶의 자세, 생각의 방식, 행위의 양태 등이 완전히 서양화되어 버린 것이다. 그러면서 우리는 이것을 극히 당연하게 세계화 또는 지구화의 한 과정이라고 생각하고 있다.

그래서 이 땅의 청소년은 그들 삶을 위한 교양을 서양의 생활세계·그들의 신화·그들의 역사와 문화에 대한 지식으로 채우고 있다. 이 모든 것은 모름지기 앎을 책임지고 있다는 지식인이 삶과 앎 '사이'에서 문지도리(돌쩌귀)의 구실을 제대로 하지 못해서이다. 우리의 지식인들은 우리 생활세계의 기획과

운영마저도 서양인들의 관점과 판단에 내맡기고 있다. 우리의 역사와 문화마저도 그들의 시각으로 고찰하면서, 그것이 객관성과 보편타당성을 주고 있다고 착각하고 있다.

그리하여 우리는 정체성을 잃어가고 있다. 우리는 우리가 누구이며 어떻게 살아왔고 어떻게 살아가야 하는지, 무엇을 위해 살며 어떤 가치를 추구해야 하는지를 결정할 때조차도 서양 학자들의 자문과 결정에 전적으로 의존하고 있는 식민상태를 못 벗어나고 있다.

마침내 서구의 규준이 우리 '삶과 앎'의 모든 이해와 해석의 틀이 되어 버린 것이다. 학문은 그들의 논의를 따르려는 노력에서만 이루어지고 있다. 그것을 알면서 그동안 지식인들과 학자들은 아무런 행동도 하지 않았다.

이미 오래전에 연암 박지원은 『열하일기(熱河日記)』에서 지식인의 잘못된 학문자세를 염려하였다.

"다만 남의 말이나 자기가 들은 것에만 의지하는 사람은 더불어 학문을 말할 것이 못 된다. 하물며 평생토록 마음의 작용과 자연의 현상에 생각이 미치지 못한 사람이랴."

## 세계화 시대에 우리 학문의 중심잡기 노력

이제는 서양이 중심이 되어 획책하는 합리성 일변도의, 존재 일변도의, 기술과학 일변도의 생활태도와 사유방식의 강요는 종말을 고해야 한다. 이제는 모든 민족, 모든 나라의 문화가 저마다 독특한 향기와 빛깔을 지닌 꽃들을 활짝 피워 하나뿐인 지구를 아름답게 수놓는 문화 다양성의 시대가 열려야 한다.

이 문화의 세기에 우리는 무엇보다 먼저 잃어버린 우리의 정체성을 되찾아야 한다. 그러기 위해서는 우리 자신을 알아야 한다. 우리의 삶과 역사에서 시작되는 학문을 해야 한다. 그럼으로써 우리 삶의 현장, 삶의 역사, 우리 삶의 무늬가 새겨진 문화를, 우리의 문제해결 모색이 담긴 학문, 우리의 아픔과 희망으로 그려낸 예술을 우리의 눈으로 해석하여, 그 안에 흐르고 있는 삶의 주체적인 태도와 방식을 읽어내고 찾아내야 한다.

우리는 달라진 세계에서 우리와 세계에 대해 '묻고 배우는 (학문하는)' 방식을 새롭게 터득해야 한다. 서구문명의 수용과 근대화라는 급물결 속에서 우리는 한 번도 제대로 우리 자신과 우리가 몸담고 있는 세계에 대해 물음을 던지지 못했다. 그저 서양을 흉내 내며 앞으로 달려가기에만 급급했다. 그렇게 정신없이 달려온 백 년, 이제라도 우리는 지난 시간을 반성하여 우리 것으로 만들어 정체성을 확고하게 해야 한다.

우리는 현대화라는, 세계화라는 미명 아래 서양을 추종하는 식민주의에서 벗어나야 한다. 탈근대와 탈서양을 외치는 시대사적인 분위기를 제대로 읽고 다중심의 다극화 시대에 흔들리지 말고 이 땅, 우리의 역사와 문화에 뿌리를 내려 중심을 굳건하게 잡아야 한다. 그럼으로써 우리 스스로가 주체적으로 우리의 문제, 세계의 문제를 풀어나가는 '세계 속의 한국인'이

되려고 노력해야 한다.

우리 스스로 중심을 잡고 굳건하게 서있을 수 있기 위해서는 먼저 흔들리지 않고 서있을 수 있는 우리만의 '터전'이 있어야 한다(공간성, 영토성). 즉 우리가 살고 있는 이 땅에 우리 스스로 뿌리를 내리고 있어야 한다. 우리 삶의 현장인 여기 이곳의 생활세계를 망각하고 선진국만을 바라보고 있는 한, 우리는 중심을 잡을 수 없다.

중심을 잡기 위해서는 이 땅에 사는 사람들 사이에 공동체의식, 정신적 '일체감'이 형성되어야 한다(정체성, 동질성). 사람은 땅만으로 중심을 잡아 독자적인 세계를 만들어나갈 수는 없기 때문이다. 이 일체감은 역사와 문화에 의한 삶의 양식과 사유태도의 동질성을 확보해 줄 것이다. 이것을 민족 정체성, 역사 정체성 또는 민족적 자아, 문화적 주체라 이름하기도 한다.

주체적 중심잡기를 위한 셋째 요소는 바로 이러한 '주체성'이다. 스스로 우리의 생활세계와 문화, 역사에 대해 주인이 되어야 한다. 그러기 위해서는 우리의 눈으로 세상을 보고 스스로 사유하여 우리 문제를 스스로 해결해 나가려는 결연한 주체의식이 있어야 한다. 여기에서 중요한 것은 세상을 보는 우리의 눈인 '말'이다. 우리의 세계·문화·역사·삶의 핵은 우리의 말이다.

마지막으로 이러한 중심잡기에서 잊지 말아야 할 것은 우리가 자리한 '세계 상황'이다(세계성, 보편성). 지금은 다양한 중심들이 존재하는 다중심의 시대이다. 문화다양성의 시대를 살면서 유일한 중심으로 우리만을 고집해서는 안 된다. 우리는 하나의 지구 위에서 서로 다른 민족들과 더불어 서로 다른 문화와 역사 배경을 갖고 서로 다른 시각으로 세상을 보면서 서로의 다름을 인정하고 존중하며 살아가야 한다. 그러기에 어느 때보다도 더불어 사는 지혜와 논리가 필요하다. '이 땅에서 철학하기'는 이러한 세계에서의 과제, 인류의 문제를 함께 풀어갈 세계시민으로서의 사명 안에 자리한다. 따라서 우리는 하나뿐인 세계 속에서 주체적 중심잡기를 실행해야 함을 잊지 말아야 할 것이다. 이럴 때 '이 땅에서 우리말로 철학하기'는 '세계 속의 한국인'으로서 세계와 더불어 세계의 문제를 해결하는 데 기여할 수 있을 것이다.

## 선입관 깨기와 발상의 전환

우리의 생활세계에 바탕한 학문(이론)을 창출해내기 위해서는 무엇보다도 먼저 우리 자신과 우리의 생활세계에 대한 잘못된 고정관념을 깨뜨리고 새롭게 우리 자신과 세계를 보는 법을 배우는 것이 중요하다.

월드컵 4강의 신화를 이루었다고 해서 온 나라가 들썩거렸다. 우리 스스로도 믿기 어려운 일이 이루어진 것이다. 지금까지 우리 축구대표팀을 따라다니는 고정관념이 있었다. 스피드는 있지만 체력이 약하다. 조직력은 있지만 개인 기본기가 부족하다. 게임메이커가 없으며 골 결정력을 가진 골잡이가 없다. 골을 먼저 먹어야 죽기 살기로 뛴다. 전체적인 분위기가 살아야 똘똘 뭉친다. 약한 팀에 강하고 강한 팀에 약하다. 이겨 본 팀에 강하고 진 적이 있는 팀에 약하다. 집에서는 잘 싸우고 나가서는 실력을 제대로 발휘 못한다.

이번 월드컵을 통해 고정관념 중 어떤 것은 순전히 선입견이었음이 입증됐다. 이를테면 한국팀 하면 꼬리표처럼 붙어 다니던 수식어가 '체력이 약하다'는 것이었다. 그러나 이번 월드컵에서 외국인 스포츠기자들이 한결같이 한국 대표팀에게 붙여준 대표적인 수식어는 '스피드와 체력'이었다. 이제 한국인의 신장과 체중은 유럽인에 비해 그리 떨어지는 편이 아니다. 그것을 월드컵 대표팀은 체계적이고 과학적인 기초체력단련 프로그램을 통해 강화시켰고 전통적으로 체력이 강하다는 유럽팀보다 더 체력이 강한 팀으로 평가받았다. 이렇게 결코 바뀔 수 없으리라 생각되었던 체력의 문제가 노력 여하에 따라 충분히 변화될 수 있음을 우리 스스로 알게 된 것이다.

21세기 새로운 세기를 맞이하여 세계화 시대를 헤쳐나가야 할 한국인이 배워야 할 점이 여기에 있다. 인간은 스스로에게 기대하며 요구하는 바로 그 가능성으로 존재한다는 사실이다. 우리가 자신의 능력과 자질을 인정하지 않고 스스로 갈고 닦지 않는다면 우리에게 있는 어떠한 가능성도 실현될 수 없다는 것은 너무나 자명하다.

우리는 우리 자신에 대해, 우리 주변에 대해 가졌던 잘못된 선입견을 떨쳐버리고 새로운 눈으로 우리 자신과 세상을 보는 법을 배워야 한다. 지난 100년의 근대화 과정 속에 남들이 우리에게, 우리가 우리 자신에게 부여했던 고정관념을 과감히 털어버리고 변화된 시대와 세계에 맞추어 우리 자신을 새롭게 만들어나가야 한다. 그러기 위해선 우리가 우리 자신에게 무엇을 기대하며 요구할 수 있는지부터 알아야 한다.

어느 무역인은 이렇게 권고한다.[1] 하늘의 때를 읽을 수 있어야 하고, 우리가 처한 지리·경제적 위치를 제대로 알아내어 능동적이고 생산적으로 대처해야 한다. 현재 우리가 처한 세계사적인 상황을 염두에 두고 우리의 역사와 문화를 되돌아보며 새롭게 해석해야 한다. 그래서 우리의 장점과 단점이 어디에 있는지를 올바로 파악하여 미래를 위한 정신자세 가다듬기와 몸만들기를 시작해야 한다.

어느 외국 기업인의 다음과 같은 말은 우리에게 시사하는 바가 많다.

"역사적으로 볼 때 한국이 처한 주변 환경은 언제나 위험하고 적대적이어서 한국인들에겐 외부로부터의 자극을 탐탁치 않게 여기는 정서가 싹터 왔다. 19세기 말 조선왕조가 서구열강의 틈바구니에서 '은둔왕국(hermit kingdom)'이 되었던 것도 이런 외부세계에 대한 불신에서 비롯된 것으로 생각된다. 하지만 한국은 이제 개방을 통한 외부세계와의 접촉이 서로에게 이롭다는 사실을 깨달아야 한다. 한국이 꿈꾸고 있는 '아시아 허브국가'의 성공여부도 과거 '은둔왕국'의 유산을 얼마나 떨쳐버리느냐에 달려있다고 본다."[2]

기업인의 눈으로 볼 때 21세기 달라진 시대와 세계는 두 가지의 가능성을 우리 눈앞에 제시하고 있다. 도래하는 환태평양 시대에 주도국으로서 동북아시아의 정치·경제·문화를 주도해나가는 새로운 역사의 주역이 될 것인가? 아니면 계속 소위 선진국의 하청국가로서 남의 이념과 문화를 조립하고 재포장해서 팔아넘기는 중계상으로 남아 있을 것인가?

이것이 어디 기업과 무역에만 적용되겠는가? 그것은 무엇보다도 학문세계에 그대로 적용된다. 우리는 21세기 벤처 기업을 선도하며 한국의 미래를 개척하고 있는 젊은 기업인에게서 많은 것을 배워야 한다.

**기업인에게서 배워야 할 벤처 정신**

기업인 김재철은 고정된 선입관념을 버리고 발상을 전환할 것을 주장한다. 그리고 그것을 무엇보다도 우리 자신에게 적용할 것을 요구한다. 그래서 그는 우선 한번 세계지도를 거꾸로 놓고 이 땅 한반도를 바라보자고 제안한다.

그렇게 보면 세상은 완전히 다르게 우리 앞에 펼쳐질 것이다. 한반도를 감싸고 있는 일본 열도는 태평양의 거친 파도를 막는 방파제가 되고 한반도는 대양으로 뻗어 나가는 대륙의 돌출부가 된다. 답답함이 홀연히 사라지고, 솟아오르는 큰 기운마저 느낄 수 있다. 그럴 때 우리가 사는 이 작은 반도가 동북아시아의 중심지이자 세계의 중심지로 부상할 수 있다는 인

식과 발상의 대전환을 체험할 수 있다.[3]

우리는 그동안 바다를 경시하고 육지를 중시하는 고정된 세계관 속에 갇혀 살아 왔다. 바다는 왜적이 나타나고 태풍이 몰려오는 곳으로 여겨 중요한 것은 산 속 깊숙이 숨겨 두는 습성까지 생기게 되었다. 결국 우리 나라의 근대사는 바다와 등을 진 역사였다. 그 결과 우리 나라는 세계 경제사에서 지각생이 되고 말았다. 이제 겨우 경제에 눈을 뜨면서 뒤늦게 바다 진출을 시도하고 있지만 만족할 만한 수준은 아니다.

지구는 따지고 보면 지구(地球)라기보다는 오히려 '수구(水球)'라고 하는 편이 옳을 정도로 물로 뒤덮여 있다. 인류 문명은 강에서 태동해 바다에서 발전하였다. 과거 인류 역사에 나타난 문명국가들의 형태를 살펴볼 때, 흥미롭게도 바다를 정복하여 이용한 나라는 흥하였고, 그렇지 못한 나라는 고난과 가난에서 헤어나지 못했다. 지금도 열강들은 바다를 조금이라도 더 확보하려고 아우성치고 있다.

바다는 우리들이 일반적으로 알고 있는 것보다 훨씬 더 크고 넓다. 또 바다 밑에는 수백억 톤의 광물자원이 묻혀 있고, 바다에서 자라는 생물들은 육지에서 자라는 생물보다 훨씬 빨리 자란다. 그러기에 바다만이 날로 불어나는 인류의 식량과 생활문제를 해결할 수 있을 것이라 한다.[4]

바다와 인류의 역사 전개를 염두에 둘 때, 지중해는 과거의 바다요, 대서양은 오늘의 바다요, 태평양은 미래의 바다다. 우리 나라는 바로 '미래의 바다'인 태평양에 접하면서, '미래의 대륙'인 아시아 대륙의 연결로에 위치하고 있다.

우리 나라는 삼면이 바다인 반도 국가다. 대륙과 바다가 동시에 시작되는 나라다. 그런데도 우리는 이러한 지리적 이점을 전혀 이용하지 못했고, 철저하게 바다를 멀리하고 지냈다. 중국을 본받겠다는 중원(中原) 사상은 자꾸만 우리 민족을 내륙으로 끌어들였고, 바다와 등지게 했다. 심지어 바닷가 십 리 이내에는 집을 못 짓게 하던 시절도 있었다.

육당 최남선은, 우리 민족이 바다를 잃은 뒤부터 왜소해졌고, 옹졸해졌으며, 편파심이 생겼고, 가난해졌다고 했다. 방방곡곡(坊坊曲曲)에 묻혀 지내다 보니 크게 뻗어 나가지 못했다는 것이다.

우리에게 '방방곡곡'이란 말은 전국을 나타내는 말이지만 일본에서는 이를 쓰쓰우라우라(津津浦浦)라고 표현한다. 우리 민족에게 삶의 터전이 골짜기였던 반면 일본의 그것은 나루와 포구였음을 드러내고 있다.[5] 우리가 내륙에서 문을 잠근 채 폐쇄적인 자세를 취하고 있는 동안 일본은 문을 열어 바다를 향해 나갔다. 오늘날 일본이 해양 강국이자 세계적인 부국이 된 비결이 여기에 있다.

이렇게 발상을 전환해서 우리와 우리의 주변 세계를 새로운 눈으로 볼 때 모든 것이 다 다르게 제시된다. 환태평양의 세기, 아시아의 시대에 한반도의 위치는 미래의 관문이고 천혜의 부두이다. 일본 열도는 지리적으로 우리를 태평양의 거친 파도로부터 지켜 주는 방파제이다. 국토가 두 동강나 섬과 같은 나라, 우리가 가야 할 길은 바다다. 김재철은 동북아의 관문답게 바다 너머의 사람, 물자, 돈이 한반도에 모여들게 하고, 미개척으로 남아 있는 연안 지역, 도서, 해안선을 새로운 자원으로 활용하자고 말한다. 그리고 거기에 한국(인)의 미래가 있다고 강조한다.

벤처 기업인 김재철이 던지고 있는 메시지는 우리 모두에게 시사하는 바가 많아 간략하게 기술해본다.

1) 발상을 전환하라! 보이는 것이 전부가 아니다! 고정된 시각은 금물이다!

2) 하늘의 때를 읽고 미래를 준비하라!

3) 내가 선 곳(땅)을 올바로 알아 출발의 발판으로 삼아라!

4) 나 자신을 제대로 파악하여 변화의 주인이 되어라!

5) 우리의 역사와 문화를 새롭게 읽어내어 세계화에 동참하라!

6) 사람과 사람 사이의 소통을 자유롭고 조화롭게 하여 인간성이 살게 하라!

7) 제도를 편하게 하여 자유로움 속에 창의성이 피어나게 하라!

이것은 학문하는 사람, 특히 철학하는 사람이 배워야 할 점이다. 학문(철학)계도 발상을 전환해서 새롭게 우리 자신과 우리의 역사와 문화, 우리의 주변 세계를 바라보는 법을 배운다면 그동안 우리가 우리 스스로에게 주입한 선입관 때문에 보지 못했던 새로운 가능성을 발견해낼 수 있을 것이다.

# 이 땅에서 우리말로 철학하기

**"태양을 꺼라!"**

글쓴이는 20세기 이 땅에서 철학한 대표적인 사상가로 다석(多夕) 류영모(柳永模, 1890~1981)⁶)를 꼽는다. 그의 사상은 한마디로 "태양을 꺼라"라는 화두에 담을 수 있다. 물론 다석은 글자 그대로 그렇게 말하지는 않았다. 그러나 그 말로 우리는 다석 사상의 핵심을 표현할 수 있다. 어쨌거나 한번 태양을 끈 상태를 상상해 보자. 태양을 껐을 때 우리가 볼 수 있는 것은 무엇인가? 그야말로 아무것도 없을 것이다. 다른 말로 무(無)만 볼 뿐이다. 태양 아래에서 우리는 있는 것(존재자)만을 볼 수 있다. 즉 태양 빛 아래에 있으며 그 안에서 드러나는 것만을 볼 수 있다. 여기서 태양은 유비적인 의미로 이성을 뜻한다. 이성의 빛 아래 나타나는 것, 즉 설명할 수 있고 이해 가능한 것만 보인다. 이것은 설명 내지 이해 가능하고 계산 또는 측량 가능한 것만이 존재하는(있는) 것이라는 서양사람들의 생각을 반영한다.

서양의 역사는 끊임없이 있는 것(존재자)의 범위를 울타리로 구획하여 한정해온 존재구획의 역사다. 다시 말해 그들에게는 존재의 울타리 안에 있는 것(존재하는 것)만이 존재하는 것이고 그 존재구획 밖의 것은 없는 것이다. 없는 것은 무이기에 얘기할 필요도 또 그것에 대해 말할 수도 없다. 그리고 없는 것에 대해 얘기하는 것은 모순이다. 그러니 있는 것만을 가지고 얘기해야 한다. 그 안에 철학, 과학, 학문 등 모든 것이 다 들어있다.

이렇게 있는 것을 테두리 쳐서 구획지은 것을 '지평'이라고 말한다. 쉽게 설명한다면, 있음과 없음을 구별 짓기 위해 있는 것 전체에 돔을 씌워 존재하는 것과 존재하지 않는 것(무)을 분명하게 경계짓는 것이다. 이렇게 존재 또는 있음이라는 돔을 씌우고 그 안에 있는 것만이 존재하는 것이라고 선포한다. '존재의 지평' 안에 들어서 있는 것만이 존재자(있는 것)다. 여기서 있음 또는 존재가 중요하다는 것은 말할 필요도 없다. 그렇지만 우리는 한번 이렇게 물음을 던져보아야 한다. 여기서 어떤 '기준'에 의해 있는 것과 없는 것을 나누고 있는가 라고 있는 것의 기준이 바로 '존재'다. 철학의 역사는 이 있음의 기준인 '존재를 둘러싼 거인들의 싸움'이었다.

철학에서의 싸움은 종국에 가서는 '존재'를 둘러싼 철학자들 사이의 싸움이다. 그것은 철학의 싸움일 뿐 아니라 인류 문명의 싸움이다. 세상은 어떤 존재관을 가졌는가에 따라 달라진다. 이 존재관은 각각의 세계에 따라 다르다. 서양사람들의 역사를 살펴보면, 있음의 관점이 시대에 따라 변화되어 왔다. 예를 들어, 처음에는 신이 있음(존재) 안에 들어 있었지만, 나중에는 신이 없음(無) 속으로 분류되어 들어간다. 지금 인류는 신이 없는 것으로 분류되는 시대에 살고 있다. 이제 있는 것을 관장하는 주인은 더 이상 신이 아니고 인간이다. 서양사람들은 있는 것만을 가지고 있는 것에 대해서만 이성적으로, 합리적으로 이야기하며 그것을 최대한 활용하여 생활을 윤택하게 만들어나간다. 그러기에 그들은 있는 것과 이성을 중요하게 생각한다. 즉 존재와 이성, 존재자와 합리성이 그들의 삶 한가운데 가장 중요한 요소로 떡 버티고 있다.

그런데 다석은 "태양을 꺼라"라고 외친다. 태양을 끄면, 그때 비로소 없는 것들이, 즉 무(無)가 보이기 시작한다. 태양이 꺼진 밤하늘에 우리는 낮에는 볼 수 없었던 수많은 별들을 볼 수 있다. 갑자기 어둠이 닥치면 처음에는 아무것도 보이지 않지만, 차츰 그 어둠에 익숙해지면서 보이지 않던 것들이 서서히 보이기 시작한다. 그런데 가만히 생각해 볼 때, 그 별들 모두가 다 각기 다른 하나의 태양들이다. 그러기에 이 우주에는 서양사람들이 보고 주장하는 그 하나의 태양만이 존재하는 것이 아니라 수많은 태양이 있음을 우리는 알아야 한다. "태양을 꺼라"라는 다석의 화두 속에는, 서양사람들이 매달린 단 하나의 진리·이성·존재라는 우상을 깰 때 그들은 비로소 더 넓은 세상을 보게 되리라는 의미가 들어있다. 동양에도 태양은 있다. 그리고 다른 문화권에도 그들의 태양이 있는데, 서양인들은 그것을 인정하려 하지 않고 자신들만의 태양이 유일한 태양이라고 주장하여 왔다. 문제는 바로 이런 주장에 있는 것이다.

## 셈 생각과 뜻 생각

존재와 이성이라는 짝지음의 구도에서 벗어나 무·공·허와 그 대칭을 찾을 때 눈에 들어오는 것이 영성이다. 이성의 중요 기능인 생각에는 '되는(드는)' 생각과 '하는' 생각 그리고 '나는' 생각이 있다. 서양사람들은 주로 계산 가능한 것만을 본다. 그렇지만 생각에는 '셈 생각'만 있는 것이 아니라 '뜻 생각'도 있다. 하이데거는 인간의 사유능력에는 셈하는 사유능력만 있는 것이 아니라 뜻을 읽어낼 줄 아는 사유능력도 있다고 하였다. 서양에서는 셈하는 셈 생각, 즉 측량, 계산이 발달하였다. 그것이 과학과 기술로 꽃을 피웠다. 그러나 생각에는 뜻을 새기는 능력도 있다. 뜻을 보고 뜻을 읽어내는 생각 말이다. 뜻을 볼 줄 아는 나는 '뜻나'이다. 이런 다석의 사상을 받아 들여 함석헌은 『뜻으로 본 한국역사』를 저술했다.

뜻은 계속 끊임없이 존재의 돔을 씌우는 역사와 관련되어 있다. 서양 철학의 시작에 철학자들은 존재의 지평을 '이데아'라고 이름하였다. 그것이 역사의 흐름과 더불어 실체·주체·사유·정신·의지·힘에의 의지 등으로 계속 바뀌어왔다. 우리에게도 그런 존재의 돔이 있었다. 우리는 그것을 천(天)·도(道)·리(理)·기(氣)·성(性)·심(心) 등으로 이름하였다. 우리 문화와 전통에도 나름의 존재의 돔이 있었던 것이다. 세상은 이러한 존재의 돔을 둘러싼 거인들의 싸움터이다.

동양과 서양이 교류가 없었을 때는 우리 나름의 존재의 돔을 형성하면서 형성되어 온 다양한 돔을 둘러싼 논쟁을 통해 그 중 하나를 택해 뜻을 새겨 넣는 방식으로 우리끼리 우리 존재의 돔을 계속 수리보완하는 수준에서 살아왔다. 세계에 존재의 의미를 부여한 것이 바로 이 존재의 뜻이다. 인간의 삶의 역사에서 중요한 것은 존재의 뜻이다. 그것을 우리는 눈으로 볼 수도, 수로 셈해 낼 수도 없다.

우리의 육체적인 눈은 존재의 뜻에 의해 얼기설기 짜여진 의미의 그물망이다. 그런데 지금 우리의 눈은 서양화된 존재의 뜻으로 짜여져 버렸다. 동·서양이 만나지 않았을 때는 각자 따로 다른 존재의미의 그물망을 가지고 있었다. 18세기 말, 19세기 초, 서양이 과학과 기술을 앞세우고 동양에 들어오기 시작하였을 때, 우리 존재의 돔인 천·도·리·기·성·심 등이 무너져 내리기 시작하였다. 현대는 서양의 존재의 그물망이 전세계를 지배하고 있다.

100년 전 우리의 삶과 현재 우리의 삶을 비교해 볼 때 우리는 그 엄청난 존재시각의 차이에 놀랄 수밖에 없다. 예를 들어, 명성황후의 둘째 왕자는 항문이 없이 태어났다. 서양인의 눈으로 본다면 그것은 전혀 문제가 될 것이 없는 작은 이상(異狀)이다. 수술을 하여 항문을 만들면 되는 간단하게 손을 볼 수 있는 상태이다. 그리고 그 당시 우리 나라에는 이미 서양 의사들이 들어와 있었다. 그들을 불러들여 수술만 시키면 왕자의 목숨에는 아무 지장이 없었을 것이다. 그렇지만 그 당시 우리 존재의 눈으로는 왕이 될 사람에게 칼을 댄다는 것은 있을 수 없는 일이었다. 그리하여 그 아기는 며칠을 살지 못하고 죽고 말았다. 존재의 눈이 한 사람의 생명을 앗아간 셈이다.

지금 우리는 어떠한가. 누가 그런 병 때문에 자기 아기를 죽도록 내버려두겠는가? 그런 부모가 있다면 아마도 형사처벌을 받게 될 것이다. 우리들은 이제 우리 몸에 칼을 대는 것을 주저하지 않는다. 이처럼 존재의 시각도 시대가 달라지면 바뀌게 된다. 그러므로 우리는 뜻 생각이 어떤 시대에 어떠한 패러다임으로 어떻게 변해 왔는지를 읽어낼 수 있어야 한다. 사유(생각)에는 이처럼 두 가지가 있다.

함석헌의 표현을 빌린다면 우리는 '하는' 생각의 단계에 만족해서 거기에만 머물지 말고 '나는' 생각의 단계에로 올라가야 한다. 다석의 표현대로라면 '뜻나'에서 '얼나'로 넘어가야 한다. 있음의 의미를 읽어 낼 줄 알면 없는 것도 볼 수 있게 된다. 서양의 역사는 있는 것의 범위에 들 수 없는 것을 무로 간주하여 없애온 '무 제거의 역사'였다. 그런데 20세기 중반부터 서서히 없다고 간주되었던 것이 반란을 일으키기 시작한다. 무의 반란, 즉 인간이 없다고 여기던 것, 무·공·허가 반란을 일으키기 시작한다. 인간이 필요 없다고 내다버린 가장 큰 것 중 하나로 신·성스러움·영적인 것이 있다.

그러기에 하이데거는 "오직 신만이 우리를 구원할 수 있다"라고 말하였다. 이 말은 우리가 필요 없다고 제거해버린 그 신이 다시 도래할 수 있게끔 신을 위한 마당을 마련하지 않는 한 우리에게 희망이 없다는 뜻이다. 신이 도래할 수 있는 그 마당이 바로 성스러움이며 영성적인 것이다. 성스러움, 거룩함(das Heilige)이라는 독일어에는 '온전함, 온통(깨지지 않는 전체)'이라는 의미가 들어있다. 그것은 이성으로는 합리적으로 설명될 수 없는 수수께끼이며 신비스러운 것으로서 비밀 중의 비밀이다. 그것은 알갱이이며, 심연이다.

그런데 인간이 이 심연을 알기 위해 심연을 파헤친다면 그것은 더 이상 심연이 아니다. 마치 우리가 산이 무엇인지 알기 위해 산을 모두 파헤쳐 버린다면 그것은 더 이상 산이 아닌 것과 같다. 그러기에 우리는 산을 그대로 둔 채 산을 볼 수 있어야 한다. 그것이 셈 생각 속에 들어오지 않는다고, 또는 언어, 이성으로 표현할 수 없다고 하여 없는 것이라고 간주할 때 그것은 자연히 우리 삶으로부터 멀어진다. 우리는 우리의 삶으로부터 무·공·허를 멀리 치워버렸다. 그것을 알아보고 경험하던 우리의 능력을 떼어내 버렸다. 21세기 영성의 시대에는 우리가 몰아낸 무·공·허에 대한 경험을 되살려야 한다.

서양사람들은 있는 것(존재)에 대한 놀라움이 철학의 시작이라고 말한다. 반면에 동양에서는 없는 것에 대한 경외심이 철학의 시작이라고 말할 수 있다. 우리는 있는 것을 있게끔 하는 없는 것(無), 텅 빈 것(虛), 빈탕한 데(空), 설명될 수 없는 신비스러운 것을 중시하였다. 그리고 이러한 것들을 말로 표현한다면 이미 그것은 그것이 본래 그것인 바 그것이 아니라고 생각하였다. 우리가 신은 이러저러한 분이라고 표현한다면, 그 경우 신은 더 이상 본래의 신이 아니다. 우리는 말에 진리를 담으려 노력하지만, 진리를 말속에 담았다고 주장한다면 이때의 진리는 더 이상 참 진리가 아니다.

우리에게는 이러한 도가도비상도(道可道非常道) 정신이 있다. 그러나 서양사람들은 말해진 것만 믿는다. 우리는 너무 말을 하지 않아서 문제다. 이제 우리도 서양사람들에게 배워 말을 하기 시작하지만 그 말의 한계를 잘 알기에 말하기를 매우 주저한다. 말하는 것만 믿는 서양사람들에게 말로 표현할 수 없는 것도 있다는 것을 알려주며 손가락으로 가리키는데, 그들은 그 손가락만 쳐다본다. 손가락만 보는 그들에게 손가락이 가리키는 것을 볼 수 있도록 그리로 눈을 돌릴 수 있게 하기 위해서는 설득력과 끈기가 필요하다. 우리는 그들이 만들어놓은 삶의 마당에서 그들의 놀이, 게임, 방법, 규칙을 배워야 한다. 우리는 말로 진리를 전부 배울 수는 없지만 진리를 말로 표현하려고 노력해야 하며, 말로 표현되지 않는 진리도 있음을 잊지 말아야 한다. 21세기 인류는 기술과 과학이라는 최첨단 열차를 타고 전속력으로 낭떠러지를 향하여 달리고 있다. 빨리 그 방향을 돌려놓지 않으면 인류는 물론 지구상의 모든 존재가 위험에 처하게 된다.

**탈근대의 메시지 : 이성 중심, 인간 중심, 서구 중심에서 벗어나기**

여기 '이 땅에서 철학하기', '한국인으로 한국에서 철학하기', 즉 그것이 어떤 방식으로 자리매김 되어야 하는가에 관한 물음은 우리에게 매우 중요하다. 그것은 서구적인 철학함이 가지고 있는 한계, 문제제기에 대한 대안 모색의 한 노력이며 대응책 마련이라 할 수도 있다. 우리는 대안으로 삼을 만한 큰 줄거리의 방향을 탈근대에서의 철학함의 동향을 점검해 보면서 취하고, 지금까지 역사의 변방에 있던 이 땅의 지성인들이 이 땅에서 중심을 잡아 우리의 말로 철학할 수 있는 가능성은 없는가, 그리고 이러한 이 땅에서의 철학이 막다른 골목에 봉착한 서구적 철학의 대안이 될 수 있지는 않는가 하는 물음을 제기하면서 모색해 나갈 수 있을 것이다. 이 땅에서 사는 인간의 삶의 심층문법에 터한 철학으로 우리는 살림살이의 철학을 끄집어내올 수 있으며 그것을 다가오는 21세기 세계철학의 한 대안으로 제시할 수 있다. 물론 현 단계에서는 살림살이의 철학에 대한 체계적인 연구와 정리가 필요하다. 그러나 여기서는 그 발상의 단초를 제시하는 것으로 만족해야겠다.

탈근대에서 우리가 주목해야 하는 것은 그 이전의 철학적 큰 흐름이 결국 이성 중심이었으며, 이성 중심은 주로 합리성, 합리화만을 강조하는 방향으로 발달되어 왔다는 점이다. 이러한 합리성과 합리화는 순전히 이론적, 인식적 합리화, 기술적 합리성으로 됨으로써 도덕적, 실천적, 미학적인 차원은 배제되고, 주로 이론적 합리성 혹은 과학적 합리성이 세계를 지배하게 됨을 의미한다. 그리고 이것은 하버마스에 의해 과학에 의한 생활세계의 합리화 또는 식민지화라고 표현되기에 이른다. 인간은 순전히 기술적, 도구적, 목적적 합리성이 추구되는 세계 안에서 기술적 합리성, 도구적 합리성, 목적적 합리성에 의해 머리로만 사는 인간으로 규정되어 버리게 되며, 이렇게 머리로만 사는 인간은 반대급부로 냉혹한 인간, 기계적인 인간, 즉 가슴이 없는 인간으로 되기 쉽다. 이렇게 가슴이 없는 인간이 만들어낸 끔찍한 짓거리의 예로 우리는 히로시마의 원폭, 아우슈비츠의 유대인 대량학살 등을 들 수 있다.

이렇듯 이성을 강조하는 서양의 역사는 아이러니컬하게도 반이성의 극치로 치닫게 된다. 20세기 들어서 인류가 깨달은 것은 서구적인 사유태도와 삶의 방식에는 무언가 문제가 있다는 점이다. 서구 문명이 깨인 문명이라 하여 퍼뜨리고 있는 서구의 가치관이라는 것도 지구상 곳곳에서 온갖 부작용을 일으키며 그 전보다 더한 가치관 혼란과 극심한 생태계 파괴를 몰고 오고 있다. 서구 철학 내에서도 결코 이전처럼 그대로 나아갈 수는 없다는 자성이 일고 있다. 이러한 커다란 흐름이 탈근대적인 운동으로 대두되기에 이른다. 이 흐름의 표면적인 시작은 1968년의 '68 학생운동'이라 할 수 있다. 이때의 학생운동이 보여 주는 의미는, 자본주의로 대표되고 있는 자유민주주의 체제가 안고 있는 모순이 표출되기 시작하여, 결국 미국과 유럽의 학생운동으로 확산되었다는 것이다. 그리고 사회민주주의 체제에 대한 불만은 1968년 체코에서의 '프라하의 봄'이라는 사건으로 나타나게 되었다. 결국 사회주의 체제는 1989년을 기점으로 붕괴된다. 이렇게 되어 양대 이데올로기 체제로 전세계를 둘로 양분해 놓았던 사회민주주의와 자유민주주의 체제는 자본주의로 대변되는 자유민주주의 체제로 통합되어 가는 듯 보인다.

이성 중심이란 엄밀하게 말하면 인간 중심이며, 그 밑바탕에는 서구적인 인간상이 깔려 있다. 서구적인 인간상은 인간을 '이성적인 동물'이라고 하면서 인간에게서 이성적인 측면만을 부각시키며, 인간은 '하느님의 모상'이라는 그리스도교적 인간관에서 출발하는 인간에 대한 시각을 말한다. 이러한 인간관에 고무되어 인간은 지구의 주인으로 자처하며 지구를 정복의 대상으로 삼았다. 그리고 그럼으로써 인간은 인간의 문제를 넘어 자연을 황폐화시키고 피폐화시키기에 이르렀다. 인간은 뒤늦게 자연파괴가 인간의 절멸을 초래할지도 모른다는 사실을 조금씩 깨달으며 이러한 위기의 원인이 무엇인지를 알고자 한다. 많은 지성인들이 그 모든 위기의 근원은 공격적인 서구적 생활방식과 사유태도에 있는 것으로 진단한다. 그리고 서구적 생활방식과 사유태도의 밑바탕에는 서구적 형이상학이 깔려있다고 본다.

포스트모더니즘에서 강조하고 있는 것은 이러한 서구적 형이상학의 세계가 서양 중심, 인간 중심, 이성 중심, 존재자(존재하는 것) 중심의 사유태도를 조장해 왔으며, 그것이 결국 근대성의 핵심을 이루고 있기에 거기에서 벗어나는 것을 철학적 추세의 하나로 보고 '탈근대'를 외치는 것이다. 여기에서 또한 우리가 주목해야 할 점은 서구적 형이상학이 서구 중심이라는 하나의 절대 중심만을 인정했다는 점이다. 이는 중국의 중화사상과도 같은 것으로써, 오로지 '하나의 중심'만이 있고 나머지는 변방에 해당하는 것으로 간주하는 생각이다. 이런 생각에 의하면 인간에게는 하나의 이성, 하나의 언어, 하나의 진리, 하나의 문화, 하나의 세계만이 있어야 한다. 비판이론가들이 이야기하고 있는 '계몽의 변증법'이란 이성으로써 모든 것을 설명 가능한 것으로 만들어버리는 것인데, 그것이 현대에 와서는 기술과 과학이라는 방식으로 우리에게 드러나게 된다. 계몽의 변증법이 퇴치한 것을 신화라 한다면, 아이러니컬하게도 우리는 계몽의 정점에 오른 현대에 와서 기술이라는 신화, 과학이라는 신화를 새로이 만들어내기에 이른다. 신화에서 벗어난 것을 계몽이라 한다지만, 우리는 이렇게 단지 새로 만든 다른 신화로 이전의 신화를 대치했을 뿐이다.

그런데 탈근대적 인간들에 의해 하나의 중심관은 무너지기 시작하며, 하나의 중심관이 무너지게 되면서 다른 세계가 있음을 인정하게 된다. 이렇게 다른 세계도 똑같이 나름대로의 이성, 나름대로의 언어, 나름대로의 진리, 나름대로의 문화, 나름대로의 세계가 있음이 인정되면서 진리 발생의 세계는 확장된다.

현대에 와서 우리가 소련과 동구의 붕괴와 재편성에서 볼 수 있는 것은 세계가 '언어'를 통해서 재편성되고 있다는 사실이다. 다시 말해 이제까지는 정치적인 체제와 이념에 의해서 통합되었던 세계에서 인위적인 중심이었던 이데올로기가 무너지면서 언어에 의해서 재편성되고 있는 것이다. 본질적으로 이성이란 언어 없이는 가능하지 않으며, 진리 역시 언어를 통해서 깨닫게 되는 것이다. 문화와 세계도 마찬가지라 할 수 있다. 이제 언어의 수만큼 중심이 있게 되고 언어의 수만큼 세계가 있게 된다. 따라서 언어의 수만큼 세계는 분리되어야 한다. 근대화의 핵심은 본래 언어에 있다. 이것이 무시되고 그동안은 정치적 이념이 세계를 강제로 하나로 묶어 놓았는데, 이제서야 비로소 근대화라는 것 자체가 자국의 정신(언어)을 중심으로 이행되는 셈이다. 이렇게 서구 중심에서부터 벗어나려는 탈근대의 추세가 강화되면서 자신의 언어를 가지고 있는 모든 국가와 민족은 자기 나름대로의 중심잡기를 할 수 있음을 알게 된다.

**스스로 중심잡기 : 이 땅에서 철학하기**

포스트모더니즘이 우리에게 던지고 있는 메시지는 다른 것이 아니라, 우리의 세계를 우리의 언어로 보고 말하며, 우리의 언어로 이론을 정립하고, 우리의 언어로 사유를 하라는 것이다. 언어는 세계를 보는 눈이다. 그간 우리는 남의 눈을 빌려다가 우리의 세계를 보려고 안간힘을 쏟으며 많은 시행착오를 저질렀다. 이제라도 우리는 우리의 눈으로 세계를 보려고 노력해야 한다.

'하나의' 유일한 세계에는 획일성이 그 세계를 지배하기 마련이다. 그 세계에서는 문화, 종교, 언어 등이 하나로 단일화될 수밖에 없다. 그러나 중심이 여럿임을 인정하게 되면, 각자의 자율성과 자주성 아래 각자의 고유성과 특수성을 인정하게 된다. 그러면 거기에서부터 획일성의 세계가 아니라 다양성의 세계가 열리게 된다. 포스트모더니즘에서 이야기되고 있는 것도 바로 이러한 다양성의 추구와 예찬이라 할 수 있다. 생산과정의 근대적 특징은 모든 것을 획일화시켜 많이 만들어내는 대량생산체제였지만, 이제 탈근대 시대에 이르면 차이와 멋을 강조하는 생산체제가 전면에 부각된다. 데리다는 '차이의 형이상학'을 주장하는데, 이 또한 다양성이 강조될 수 있는 기반이 있었기에 가능한 것이다. 이제는 하드웨어보다 소프트웨어가 중시되는 시대가 시작되었다. 21세기 문화의 시대에는 획일적인 문화가 아니라 각각의 문화권이 스스로 중심이 되어서 자립적으로 만들어내는 다양한 문화가 꽃을 피우게 될 것이다. 따라서 이제 우리도 우리가 중심이 되어 우리만의 독특함, 우리만의 색깔을 찾아 우리의 고유한 문화를 꽃피워 세계를 아름답게 수놓을 준비를 해야 한다.

이것은 곧 '세계화 속에서의 한국화'로 이어진다. 그것은 사회학에서도 자주 논의되고 있는 것으로, 흔히 Glocalization (Global+Localization, 세방화, 지구지역화)이라고 지칭된다. 그것은 세계화뿐만 아니라 지역화도 이루어야 한다는 요청을 함축하고 있다. 이것은 변방에 속하는 사람들에게는 확실히 부담스러운 과제이면서 임무일 것이다. 더욱이 국경이 무너진 후 모든 것이 경제 중심적으로 운영되고 있는 지금, 그 과제는 해내기 몹시 어려운 것임에 틀림없다. 나폴레옹 시대에는 정치가 중시되었고, 마르크스 이후에는 경제가 삶의 축이 되었으며 지금은 기술이 가미되면서 그 중심축이 변화하고 있다. 여기에서 문제는 기술과 경제가 손을 잡고 있다는 데에 있다. 경제와 기술을 조종하고 있는 것은 '군수산업'이라 할 수 있으며, 그것은 결국 미국의 손에 달려있다. 따라서 우리가 우리 스스로 중심을 잡지 못한다면 우리는 결국 미국식의 유행과 미국이 만들어내고 있는 '하나의' 세계로 빠져들 수밖에 없다. 우리에게 '세계화'라는 개념이 올바로 정립되지 않는다면, 우리는 모든 것을 미국화하면서 그것을 세계화하고 있는 것으로 오해할 수 있는 위험을 안고 있다. 세계화가 아름다울 수 있는 것은 천차만별의 다양하고 독특한 꽃들을 피울 수 있기 때문이다. 따라서 우리는 한국적인 꽃을 피우려고 노력해야 한다. 우리는 우리 힘으로 우리만의 독자적인 문화를 꽃피워야 하며, 그때 비로소 올바른 세계화를 이루어내고 있다고 말할 수 있다. 21세기는 문화전쟁의 시대라고도 말해진다. 그간 강조되어왔던 경제일변도의 세계로부터 벗어나 이제는 문화적인 특수성을 찾아 그것을 발전시키는 문화의 시대에 살게 된다. 이렇듯 세계화 속의 한국화의 필연성은 말 그대로 필연성, 필연적인 것이다. 독일어에서 '필연성'은 'Notwendigkeit'라고 하는데, 여기에서 'Not'는 '위기'를 뜻하는 것이며 'wenden'은 '향한다'라는 의미이다. 즉 우리가 어떻게 위기에 대응하는가 하는 것이 독일어에서 'Notwendigkeit'이고, 이는 '필연성' 혹은 '필요성'이라 번역될 수 있다. 다시 말해 'Notwendigkeit'란 '위기에 대처하는 대응방식'을 뜻한다. 세계화라는 위기를 맞아 우리는 어떻게 대응해야 하는가 라는 문제가 제기된다면, 우리는 '한국화'라고 대답할 수밖에 없다. 올바로 대응하기 위해서 우리에게 무엇보다 중요한 것은 '세계화'라는 추세 또는 위기의 의미이다. 따라서 '세계화'라는 것이 무엇을 의미하는가 하는 것에 관한 이해가 필요하다.

**사이 존재로서의 인간**

그렇다면 이제 우리 식의 필연적인 대응(즉 Notwendigkeit라는 것)을 어떻게 할 수 있는가라는 물음에 대해서 살펴보도록 하자. 우리는 먼저 인간에 대한 그림까지도 새롭게 그려야 한다. 즉 서구에서는 인간을 동물은 동물이되 이성적인 동물이라는, 그리고 하느님의 모상이라는 식으로 그려내었고 그것이

변할 수 없는 진리라고 하였다. 그러나 이제 새로운 인간상이 필요하니 그것을 그려낼 수 있어야 한다. 인간에 대한 새로운 정의를 우리는 '사이 존재' '사이에 있음'이라는 우리말로 규정할 수 있을 것이다. 바로 여기에서 우리는 우리말의 말놀이에 유의하여 인간·시간·공간·천지간(天地間)이라는 말에 주목해야 한다. 하이데거에게서 인간은 '세계-안에-있음'이라 명명되는데, 이는 인간이란 이미 만들어진 세계 안에 던져져 있으면서 동시에 거기에서부터 세계를 만들어나가는 존재자라는 의미이다. 하이데거의 인간 해석에서의 독특한 점을 우리는 다음과 같이 요약할 수 있다. 하이데거 이전에는 세계를 확실한 것으로 보지 않고 오로지 '나'만이 확실한 토대가 된다고 생각하여, 우선 확실하게 있는 이 '나'가 세계를 만나 세계를 만들어나가는 식이었다. 이러한 근대적 사유에서 가장 큰 문제점은 "나 이외에 세계가 있다는 것을 어떻게 증명하는가?"이다. 즉 나는 확실한데 세계는 확실하지 않다는 것, 곧 나와 세계가 이분법적으로 분리되어 있다는 것이 근대의 가장 골치 아픈 문제였다. 그러나 하이데거는 오히려 반대로, 확실한 것은 '내'가 아니라고 말한다. 이 '나'는 가장 가까운 듯하면서 실은 가장 먼 것이다. 반대로 세계는 가장 먼 듯하면서 사실은 가장 가까운 것이다. 하이데거는 인간을 '세계-안에-있음'이라 규정하면서 인간에게 세계는 전제될 수밖에 없음을 분명히 한다. 인간은 자신을 세계 안에 던져져 있는 것으로 발견할 수밖에 없다. 이렇게 인간은 세계 안에 던져져 있으면서 그 세계 안에서 '남들'이 사는 대로 살아가기 때문에 오히려 이제 과제는 '나'는 누구인지, 나 자신을 찾아내는 것이다.

여기에서 글쓴이는 인간을 세계-안에-있음이라기보다는 '사이에-있음'이라고 규정해보려 한다. 이렇게 시도해보면 우리가 처해 있는 환경문제와 관련지어서도 새로운 돌파구를 찾을 수 있지 않을까 생각한다. 환경이란 인간이 사는 삶의 영역이다. 이것이 나중에 자연환경이라는 개념으로 바뀌게 된다. 환경이라는 개념 자체는 이미 인간 중심적인 것이다. 서구의 인간 중심적 사고가 환경이라는 개념으로 나오게 된 것이며, 더 나아가 환경학 혹은 환경철학이라는 개념이 생기게 된 것인데, 이것은 다분히 인간이 중심이 되어 인간이 잘살아보기 위해 땅을 포함한 모든 인간 삶의 주변을 돌아보게 하는 것이다. 생태학(Ökologie, Ecology)과 경제학(Ökonomie, Economy)은 같은 어원을 갖는다. 즉 Oikos라는 그리스어로부터 나온 것이다. 거기에는 집, 주거, 거주라는 뜻이 있는데, Ökonomie는 '집안 살림살이'를, Ökologie는 '지구 살림살이'를 의미하는 것이다. 우리말에서는 Ökologie와 Ökonomie가 나누어져 있지 않고, '살림살이'라는 말로 합쳐져 있다. 즉 살림을 생활화하는 살이라는 우리말 '살림살이'는 살림을 두 번이나 강조하는 말이다. 이렇게 '살림살이의 철학'은 인간 중심적 사고를 대체할 수 있는 방향을 지시해 줄 수 있다. 환경학이 가지고 있는 인간 중심적 사고는 인간이 중심이 되어 모든 것을 지배하고 정복하고 관장하는 관점인데, 이를 극복할 수 있는 것이 살림살이의 철학이다.

인간이란 결국 '사이에 있는 존재'인데, 그렇다면 그 '사이'란 무엇인가?

우선 ① '빔-사이'(공간)를 보면, 애초에 인간의 공간은 삶의 공간이며, 그것은 인간이 베어내가며 — 그렇게 삶의 마당을 마련하며 — 만들어내는 삶의 터전이다. 빔-사이에 있는 인간이 빔-사이와 관계 맺고 있는 가장 전형적인 행위는 '노동'이다. 이렇게 노동이 도구, 기술, 예술, 생산, 거주라는 방식으로 이어지면서 인간은 사이에-있음으로써 빔-사이를 채워나가며 사이를 나름대로 인간적인 과정으로 만들어나간다. 빔-사이를 이으며 사는 인간의 중심축은 '몸나'(몸으로 사는 나)라고 할 수 있다. 몸으로서의 나가 모든 것을 활용해서 땅이라는 공간을 일구어 나가는데, 이 몸나가 경험해 나가는 차원은 감각적, 미학적이고, 제작이라는 형태를 띤다. 몸나가 살기 위한 숨을 '목숨'이라 한다. 현대에 와서는 이 빔-사이의 간격을 없애려고 하지만 사이는 없앨 수 있는 것이 아니다. 다양성의 시대, 차이의 시대라는 것은 인간이 가까워지기는 하여도 차이를 차이로서 인정하고 차이를 차이로서 뛰어넘을 수 있는 그런 시대임을 말한다. 이러한 차이를 인정하지 않는다면, 인간은 인간으로서 존재할 수 없다. 즉 인간이 네 가지 차원에서의 사이에-있음을 유지하고 보호하지 않는다면, 인간은 인간다움을 잃어버릴 수밖에 없다. 공간이라는 빔-사이를 없애는 것은 기술로써 이루어지고 있는데, 이를테면 교통과 통신이 그것이다.

그러나 과연 공간적인 간격을 없앰으로써 인간이 가까움을 얻었는가 하는 문제는 또 다른 문제이다.

② 인간, 즉 '사람-사이에 있음'에서 가장 전형적인 행위는 '말'이며 관계맺음의 방식으로는 '실천'을 들 수 있다. 말함과 실천에서 관습, 윤리, 도덕, 사회, 국가 등이 생겨난다고 할 수 있다. 사람-사이에 있음으로서의 행위는 윤리적인 행위, 만남, 인격적인 체험 같은 것이며, 이를 통해 사이를 메움이 가능하다. 이것이 사람-사이에 있음이 사이를 두면서 맺고 있는 관계맺음의 방식이다. 사람-사이에 있음을 이어나가는 중심축은 '맘나'라고 이야기할 수 있다. 맘나는 마음씀이다. 그 사이에 숨을 불어 넣어주는 숨은 '말숨'이라고 할 수 있다. 사람-사이의 간격을 없애려는 것이 평등이며 거기에서는 인권을 중시하게 된다. 사람-사이에 있음이 무너지게 되면 도덕, 윤리가 무너지게 된다.

③ 시간은 '때-사이에 있음'이다. 기억이 과거의 것에 주로 머물고 있기 때문에 우리는 때-사이의 가장 전형적인 행위를 '생각'이라 말하며 거기에서 반성적인 측면을 부각시킨다. 때-사이는 역사, 학문, 지평, 엄격한 의미의 역사의식이 생겨나는 곳이다. 인간은 찰나적인 존재가 아니라 순간적인 존재이기 때문에 전체를 내다 볼 수 있다. 하루살이에게 내일이란 없다. 동물은 생존적인 시간만을 몸으로 살다가 죽을 뿐이다. 그러나 인간은 앞을 내다보고 뒤를 되돌아 볼 수 있는 유일한 존재자다. 역사의 발견은 바로 때의 발견이라 할 수 있다. 어느 과학

자의 지적에 따르면 지구가 생태학적으로 동물적인 삶을 사는 인류를 수용할 수 있는 적정 한계 인구수는 400만 명이라고 한다. 그런데 문명이 발달하고 역사의식, 곧 반성적인 차원이 생겨나면서 인류의 숫자는 기하학적으로 늘어나게 되었다는 것이다. 기원 원년경에는 대략 1억 5천이었던 인구가 기원 1000년에는 4억 5천만이었다가 지금으로부터 100년 전인 1900년에 16억이 되었다. 지난 1백 년 동안에는 무려 지난 1,000년간 늘어났던 인구수의 세배로 늘어서 60억이라는 수가 되었음을 알 수 있다. 따라서 앞으로 우리에게는 땅의 문제와 동시에 인구의 문제가 가장 중요한 문제로 제기된다. 땅의 문제와 인구의 문제가 어떻게 해소될 수 있는가에 따라 미래 인류의 운명이 달려있다고 할 수 있다. 따라서 사이에 있는 존재로서 인간이 이 문제를 해결해야 한다. 여기에서 가장 중요한 것은 생각, 때, 역사, 문명 등이다. 인간은 시간적인 존재로서 과거를 돌아봄으로써 과거의 전통을 세우고, 현재가 과거에 의해 새롭게 의미를 부여받도록 하며, 더 나아가 미래에 대한 시각을 마련할 수 있어야 한다. 시간적으로 뻗쳐있는 인간은 그 뻗쳐있음으로 인해 환한 밝음의 장소 안으로 들어오게 되는 것이다. 즉 땅의 공간뿐 아니라 시간의 공간이 얼마나 넓은가에 따라서 인류의 문명이 얼마나 발달했는가를 말할 수 있다.

그러나 우주의 시작에서부터 종말까지를 설명하기 위해서는 이런 사이들만으로는 부족하다. 그래서 우리는 천지간(天地

間), 곧 '하늘과 땅-사이'에 관해 이야기해야 한다. 때-사이로서의 인간에 관한 것을 보면, 사람은 제각기의 나, 곧 '제나'인데, 이 제나는 맘나와 몸나가 통합된 개념이다. 여기에서 '주체'의 의미가 들어가게 된다. 주체의 의미는 과거, 나의 정체성을 가지고 그것이 미래의 나에게 어떤 영향력을 펼칠런지를 염두에 두면서 현재의 나를 살아가게 하는 것이다. 주체성이라는 것은 시간과 연관되어 있으므로 역사성과는 뗄 수 없는 관련이 있다. 인간은 때-사이를 잇기 위해 글을 발견한다. 인간은 글을 통해 자신의 뜻이 후대에까지 전달되도록 노력한다. 그래서 때-사이를 잇는 사람의 중심축은 '뜻나'이다. 때-사이에서의 숨의 차원을 이야기한다면, 말로는 때를 못 잡기에, 여기에서는 '글숨'이라 말할 수 있을 것이다.

④ 천지간(天地間), '하늘과 땅-사이'에서 하늘은 우주적 하늘이기보다는 신적인 하늘이라고 말할 수 있다. 인간은 우주적인 사이에 있음을 책임져야 할 뿐 아니라 하느님과 인간의 사이에서도 책임을 져야 한다. 문제는 서구적인 생각이 근대화·세속화되면서 이러한 차원을 생각하지 않게 되었다는 데에 있다. 즉 인간에게 기도, 감사, 초월, 성스러움, 신, 종교 등으로 이야기될 수 있는 차원이 무시되고 있다는 것이다. 어쨌건 여기에서 말할 수 있는 것은 영성이고, 얼로서의 나인 '얼나'가 나의 참 모습이며 이 얼나가 모든 것을 통합하면서 우주(하늘)와 하나가 된다는 점이다. 그 모든 것의 통합은 하느님과 하느님이 만들어놓은 이 우주가 하나가 될 때 이루어지는 것이다.

바로 이 통합된 숨을 쉬는 것이 '얼숨'이다. 또는 우주의 숨이라 해서 '우숨'이라고도 한다. 우숨이 우주와 조화가 될 때, 우주와 하나가 될 때, 그때 바로 그 우숨이 '참숨'이 된다.

이렇게 때―사이에 있음이 곧 주체성이고, 빔―사이에 있음이 철학함의 공간성(영토성)이며, 사람―사이에 있음이 철학함의 역사성, 하늘과 땅―사이에 있음은 보편성이라 할 수 있다. 이렇게 연결시키는 것이 반드시 서로 맞아 떨어진다고 할 수는 없겠지만, 이러한 사이에―있음이 이 땅에서 철학하기의 네 가지 커다란 축임을 염두에 두도록 하자. 첫째 차원인 철학함의 주체성에서 가장 중요한 것은 말이다. 말, 곧 언어에 의해서 이성, 문화, 진리들이 밝혀지는 것이기에, 철학하기의 가장 중요한 핵심은 언어인 것이다. 그래서 우리에게는 우리말로 철학하기가 중요한 문제로 부각된다. 즉 자신의 말을 가지고 스스로 사유하고 인식하고 표현하는 것이 중요하다는 것이다. 근대화는 무엇보다도 바로 이 사유의 자율성을 일깨워주었다.

둘째 차원인 철학함의 공간성에 대해 이야기해 보자. 인간은 자기 세계를 만들어가는 존재자이다. 자기의 집에서부터 출발하여 그 집을 자기의 것으로 만들어가며 그러한 자기의 공간에서 의미를 찾아가는 존재자이다. 즉 인간이란 처음부터 새롭게 시작하는 것이 아니라, 환경에 내던져져 있으면서 자기가 속해있는 세계를 떠맡아 바꾸어 나가는 존재자라 할 수 있다. 따라서 주체성이란 수용―학습―발전―전달을 포용하는 개념이다. 이는 우리가 가지고 있는 문화적 유산을 어떻게 수용하는가 하는 문제와 어떻게 더 발전시켜 나가는가 하는 문제와 관련된다. 주체성이 자기 역할을 할 수 있는 기본적인 계기는 사회·언어·노동의 차원에서 나타날 수 있다. 구체적으로 말하면 인간은 남과 더불어 언어를 가지고 자기 주변, 곧 삶의 공간을 일구어간다. 이것들(사회·언어·노동)이 세계 형성에서 대상을 만들어내는 범주이다.

셋째로 인식론적 차원에서는 한 사회에서 통용되고 그 사회에 맞는 패러다임과 에피스테메(episteme, 인식틀, 사유틀)라는 틀이 있다. 이것을 다른 말로 '이해의 지평'이라고도 말할 수 있다. 즉 컴퓨터를 컴퓨터로 인식한다는 것은 우리의 이해의 지평 속에 이미 컴퓨터가 컴퓨터로서 의미부여되어서 이해되어 있을 때에만 가능하다. 플라톤은 우리와 이해의 지평이 다르기 때문에 컴퓨터를 컴퓨터로 알아 볼 수 없다. 이와 같이 이해의 지평이 다름으로써 세계와 문화가 다른 것이다. 그러나 이것은 고정된 것이 아니라 넓어져가는 것이다. 한국의 경우 19세기에는 서구의 문명을 맞으면서 혼란을 겪게 되었지만 지난 100년간 우리는 우리의 이해의 지평에 대해 우리 스스로의 반성이 없었다는 것을 지적할 수 있다. 내가 알고 있는 이해의 지평을 나 스스로가 제대로 알아야만 하는 것이 중요하다. 왜냐하면 그렇지 않을 경우 나는 남의 이해의 지평에 따라 사용하고 행동할 뿐이며 따라서 스스로 반성하여 주체적으로 자신을 정립할 수 없기 때문이다.

그러므로 우리에게는 주체적인 그리고 필연적인 대응이 필요하다. 세계화 시대에 달라진 삶의 세계, 생활세계의 달라진 이해의 지평을 제대로 이해하기 위해서는 그 연구와 정리가 이전의 종적인 차원에 그쳐서는 안 되고 한 단계 더 나아가 횡적인 차원에서도 이루어져야 한다. 횡적 차원에서 추구되는 이해의 지평을 우리는 '가로지르기'라고 이름할 수 있다. 이것이 넷째 차원인 철학함의 보편성의 차원이다. '이 땅에서 철학하기'라는 철학함의 주체성을 이야기하기 위해서는 위에서 이야기한 네 가지 차원을 염두에 두어야 한다.

## 서양의 근대성 : 네 번의 혁명

서양의 근대화는 100년 단위로 일어났던 네 번의 혁명으로 완성되었다고 할 수 있다. 그런데 우리는 서양에서 400년에 걸쳐 이루어 낸 근대화를 단 40년 만에 해치웠기 때문에 여러 가지의 부작용과 후유증을 앓고 있다. 서양의 근대화를 간략히 정리해보면, 거기에는 네 번의 혁명이 있었다. '종교개혁'이라는 혁명이 갖는 의미는, 그때까지 하나의 유일한 공식언어였던 라틴어를 해체시켰다는 것과 라틴어로만 쓰여졌던 성서를 민족어의 하나인 독일어로 번역했다는 데에서 찾을 수 있다. 중세에서는 라틴어로 쓰여진 성서만이 읽혀질 수 있는 유일한 책이었고, 나머지는 성서에 관한 해설서가 고작이었다. 철학에서는 오로지 플라톤의 저작만이 허용되었다. 종교개혁이 일어날 즈음, 하나의 언어(라틴어), 하나의 이성, 하나의 문화, 하나의 세계라는 하나의 절대 중심에 관한 집착이 라틴 문화권을 축으로 하여 유지되어 왔으며, 그것은 당시의 계급사회, 신분사회를 질서 짓는 틀이었다. 이 모든 것을 뒤엎는 근대화의 시작은 언어혁명에서 비롯되었다. 종교개혁으로 인해 각 민족은 자신의 혀, 자신의 언어를 되찾게 된다. 이제 모든 개개의 민족은 자신들의 언어로 자신들의 생각과 느낌을 표현하고 나누고 토론할 수 있는 자유를 획득하게 된다. 여기에 바로 근대화의 진정한 첫걸음의 의미가 깔려있다.

서양에서 근대화가 가장 먼저 일어난 곳은 영국인데, 영국에서는 작가들이 영어로 문학작품을 쓰게 되었으며, 철학논문도 영국에서 처음으로 영어로 쓰여지게 된다. 이렇게 언어혁명을 처음 이루어낸 나라가 그 다음의 근대화를 주도해 나갔다. 이태리에서는 단테의 『신곡』이 쓰여졌고, 프랑스에서는 라신느나 몰리에르와 같은 작가들에 의해 프랑스어로 쓰여진 작품이 출간되고 읽혀진다. 자국어로 쓰여진 철학논문은 영국의 경험론이 가장 먼저 나오고, 그 후 시대적으로는 프랑스의 합리론과 독일의 관념론이 뒤따른다. 독일의 칸트도 자신의 학위논문을 라틴어로 썼으며, 근세 철학의 아버지인 데카르트 역시 자신의 저술을 처음에는 라틴어로 발표했다. 이처럼 유럽의 각 나라가 라틴 문화권으로부터 아직 해방되지 않았을 때에는, 그 나라들이 근대화를 아직 이루지 못했다고 말할 수 있다. 그러나 종교개혁으로 인한 언어혁명은 각자의 혀, 각 민족의 혀인 언어로 유럽을 재편성하게 만드는 역사적으로 중대한 계기를 마련해준다.

이렇게 종교개혁이라는 언어혁명 이후에 '르네상스 운동'을 통한 '의식혁명'이 일어나게 된다. 즉 그 이전 세계에서는 그리스도교 교리에 어긋난 모든 것을 인정하지 않았는데, 이제 르네상스 시대에 이르러서는 모든 방면에서 그리스도교적이 아닌 것들, 즉 인간의 제반 근원에 관한 것들을 살려내려는 학문적인 노력이 대두하게 된다. 이제는 성서적 근원이 아니라 인간적인 근원에로 거슬러 올라가려고 노력한다. 거기에는 신적인, 교리적인 그리고 교회적인 것을 과감히 버리고 인간적인 것을 찾아내려는 노력이 있었다. 이렇게 르네상스 운동을 통하여 스스로 사유함, 즉 더 이상 신적인 이성에 의존하지 않고 순전히 인간적인 이성으로 사유하려는 의지가 싹터 오르게 된 것이다.

이와 같이 언어혁명과 의식혁명을 거치면서 '제도적인 혁명'은 자연스레 뒤따라오게 되는데, 기존의 신분질서에 대한 대항으로 1789년 '프랑스 대혁명'이 발발하게 된다. 이것은 근대 국가를 형성하게 하는 중요한 사건이다. 즉 중세적 세습 신분질서가 깨어짐은 자유민주주의가 시작할 수 있는 절대적인 계기가 마련된 것이다. 이처럼 프랑스 대혁명으로 인해 자유민주주의가 시도되었고, 법 앞에서의 만민평등이 새로운 이념으로 부각되었으며 새로운 계급으로서의 부르주아지가 발흥하게 되었던 것이다. 그로부터 정치적인 제도와 주권을 둘러싼 투쟁이 벌어지게 되는데, 대표적으로 자유민주주의, 의회민주주의, 사회민주주의를 들 수 있다.

그리고 마침내는 이에 힘입어 생산방식의 혁명인 '산업혁명'이 일어나게 된다. 즉 기계화, 자동화, 정보화라는 생산방식의 혁명이 일어나게 되는데, 이는 과학과 기술의 발달에 따른 생산방식의 기계화, 산업화, 자동화라고 말할 수 있다. 이로 인해 새로운 계급인 노동자와 자본가가 대두하게 되며 생활방식도 달라지게 된다. 그리하여 마침내는 자본주의 시장경제가 정치까지 좌지우지하는 핵심적인 키워드로 작용하게 된다. 자본주의 시장경제가 세계를 지배하게 됨으로써 기술과 과학 그리고 경제는 더욱 단합하여 세계를 쉽게 지배할 수 있는 전략 마련에 정진하고 있다. 이렇게 되면 이제 경제와 기술에 대항할 수 있는 것은 아무것도 없게 되어버린다.

따라서 앞서 이야기했던 환경학 내지 생태학이 기술과 경제, 정치와 어떻게 조화를 이룰 수 있는가 하는 문제가 인류의 운명과 지구의 운명을 결정지을 수 있는 키워드가 된다고 할 수 있겠다. 이제 철학적으로도 새로운 반응이 나오게 된다. 이전 형이상학의 중심이 고·중세에서는 신이었고, 학문적으로는 신학이 장악했었다. 그것이 근세로 넘어오면서는 인식론으로, 심리학으로, 역사학으로, 언어학으로 자리매김되어 왔다. 그리고 이제는 생태학이 제일 철학으로 자리를 잡게 되는 것이 아닌가 생각된다. 환경·생태의 문제는 인간에게만 해당되는 것이 아니라 지구에 있는 모든 것, 더 나아가서는 우주에 있는 존재하는 모든 것에 해당되는 문제이다. 따라서 그 문제를 다루고 적절한 해결책을 마련하기 위해서는 어떤 특정 분야의 단편적인 지식으로는 어림이 없고 모든 분야를 아우를 수 있는 총체적인 지식과 관점이 요구된다. 따라서 우리는 환경학, 생태학을 새로운 철학의 모습이라 받아들일 수 있다.

이와 같이 우리는 400년에 걸쳐 계속된 네 가지 혁명을 통해 서구의 근대화가 이루어졌음을 알 수 있다. 그런데 우리의 경우에는 이 네 가지 혁명의 순서가 뒤바뀌었다. 우리에게는 거꾸로 산업혁명부터 일어났다. 근대화의 가장 중요한 근대 정신은 자율·자립·자주라 할 수 있을 것인데, 우리의 근대화는 자율·자립·자주와는 아무런 상관도 없었다. 우리 선조들은 애초부터 우리의 정체성은 바뀔 수 없는 것으로 여겼기에, 서양의 것을 순전히 문명적인 차원에서, 즉 도구적 차원에서 우리의 삶을 윤택하게 하는 방편으로 받아들이려 했다(東道西器). 즉 정신은 하나도 바꾸지 않고 순전히 기술적인 측면에서만 이용해 보자라는 것이 우리 근대화의 추진방향이었다고 할 수 있다. 그리고 우리의 근대화는 철저하게 위로부터의 상명하달 식이었다. 그런데 근대화란 사실 그 정신상 밑으로부터의 혁명이다. 즉 민중, 서민, 노동자의 의식이 깨임으로써 이루어 나갈 수 있는 것이 바로 진정한 의미의 근대화이다. 그러나 우리는 그간 의식을 바꾸어 정신적 변화를 모색하기보다는 삶을 편안하게 하는 기계에 의존하는 기술적인 차원에서의 근대화에만 급급해왔다. 그러다가 4·19 혁명이 일어나게 되었고, 그를 통해 정치·제도적인 것 전반에 관한 문제제기가 일어나게 되었으며 민주화에 대한 열망이 널리 퍼져나가게 되었다. 그리고 1990년대 들어서서야 비로소 시민혁명을 통한 의식개혁에 대한 필요성이 대두된다. 이러한 과정의 끝머리에서 이제야 비로소 언어에 대한 문제가 불거져 나오게 되었다. 영어 조기교육을 실시해야 된다느니 영어를 공용어로 만들어야 된다느니 하는 주장들이 튀어나오고 있다. 그런데 이것은 정말로 근대성이 무엇인지 모르고 지껄이는 잠꼬대이다. 언어를 빼앗기면 모든 것을 빼앗기는 것이다. 따라서 중요한 것은 지금부터라도 우리의 말이 주체가 되는 의식개혁이 이루어져야 한다.

## 언어는 세계를 보는 눈이다

1970년대 중반, 독일의 철학계를 뜨겁게 달구었던 화두는 '사회비판'과 '언어비판'이었다. 당시, 나는 독일 현지에서 생생한 그들의 생활세계적 맥락과 문법을 통해 다양한 철학의 분과들과 현대 철학의 흐름을 배울 수 있었다. 변방에서 중앙으로 철학을 배우려고 온 나에게는 그 두 가지 철학적 논쟁이다 피해갈 수 없는 장애물이었다. 그 중에서도 철학의 모든 핵심물음들이란 것이 알고 보면 언어의 논리를 제대로 알지 못해 생긴 사이비 문제에 불과하다는 언어분석철학의 주장은 나에게 메가톤급 충격을 안겨주었다. "철학에서 제기되는 대부분의 물음들과 명제들은 우리가 우리의 언어논리를 이해하지 못한 데에 기인하고 있다.” “철학은 모두 ‘언어비판’일 뿐이다.” “철학은 이론이 아니고 활동이다. 철학저서는 본질적으로 설명으로 이루어져 있다. 철학의 결과는 철학적인 명제들이 아니고 명제들의 분명해짐(명료화)이다.” “말할 수 없는 것에 대해서는 침묵해야 한다.” “철학은 언어를 동원해서 인간지성의 홀림을 깨뜨리려는 싸움이다.” “철학의 성과는 인간지성이 한계를 모르고 날뛰다가 언어의 한계에 부딪쳐 얻은 단순한 난센스와 혹을 발견하는 데에 있다. 그 혹들은 우리에게 그러한 발견의 가치를 깨닫게 해준다.”

그렇다면 철학이란 우리의 삶의 현실과는 상관없는 말장난이란 말인가? 철학이 순전한 말장난일 뿐이라면, 철학자들이 해야 할 일은 이제 더 이상 세상을 해석하는 것이 아니고 세계를 변혁하는 것이란 주장은 무슨 의미가 있는가? 언어분석철학에 대한 아무런 지식도 없던 나에게 철학은 오로지 언어비판일 뿐이라는 비트겐슈타인(1889~1951)과 그의 추종자들의 주장은 대단한 충격이었다. 더 나아가 지금까지의 2,500년의 서양 철학을 장식했던 형이상학 또는 존재론이라는 것이 순전히 언어의 논리를 모르고 저지른 실수에서 만들어진 실제 문제가 아닌 사이비 문제라는 주장을 대하고서는, 내가 무슨 이유로 철학을 배우러 여기까지 왔는가 하는 회의도 생겼다. 더더욱 철학에서 가장 중요하다는 문제인 ‘존재’라는 것이 그저 잘못 만들어진 단어일 뿐이라는 데에는 정신이 다 아득해지는 것 같았다. ‘존재’라는 낱말 속에 우리가 기꺼이 부여하고자 하는 의미인 '있음'이 언어의 논리를 깨뜨리는 어처구니 없는 시도일 뿐이며, 그 '존재'라는 의미에는 연계사로서의 뜻인 '……이다'의 의미가 있을 뿐이라는 주장을 읽고 나서는 훨씬 더 심한 충격에 휘말리었다. 그렇다면 여기 독일에서 '존재론'을 배워야 할 아무런 이유가 없지 않은가? 우리 한글의 '문법'에 따르면 우리의 낱말인 '존재'에는 오로지 '있음'의 의미만이 있을 뿐이고 연계사로서의 '……이다'의 의미란 없으니 말이다. 서양 철학의 꽃이라 불리는 '존재론'이라는 것이 순전히 서양의 언어적인 구조에 기인하고 있는 허구적인 이론이며, 그것은 현실의 그 숱한 '있음'과는 아무런 상관이 없는 잘못된 말장난에 불과하다는 충격적인 주장을 접하며 나는 아연해질 수밖에 없었다. 이때부터 나의 철학함의 최대 화두는 '존재'와 '언어'가 되었다.

이렇게 '언어'의 문제는 처음부터 나의 철학함의 여행가방 속에 챙겨 넣어진, 그리고 그 후 계속 들고 다닐 수밖에 없었던 나의 철학함의 막중한 무게였다. 현실-인식-언어 사이의 상호관계를 확실하게 해명하지 않고서는 한 발짝도 앞으로 나갈 수가 없었다. 철학함이라는 것 자체가 '언어'와 뗄 수 없는 관계에 있음을 철학의 시작부터 뼈저리게 느꼈다. 서양 세계의 지배라는 것도 따지고 보면 서양 언어 또는 서양 (심층)문법의 지배가 아닌가 하는 의구심이 떠나지를 않았다. 언어를 떠나서는 철학을 할 수 없는 것인데, 이때의 언어란 것이 보편 언어나 이성 언어일 수가 없고 필연적으로 구체적인 어느 한

민족의 언어라고 한다면 '존재'를 둘러싼 거인들의 싸움이라는 것이 알고 보면 '언어'를 둘러싼 거인들의 싸움은 아닌가 하는 회의가 계속 나를 괴롭혔다.

그로부터 사반세기가 흘렀다. 유럽에서 배워온 것을 알리고 서양의 현대 철학을 소개하기 위해 많은 책을 우리말로 옮겼다. 철학의 중요 원전들이 거의 우리말로 번역되어 있지 않았기에, 철학을 배우려는 이 땅의 학생들은 철학을 배우기에 앞서 먼저 '외국어' – 그것이 한문이든 영어든 독일어든 프랑스어든 그리스어든 라틴어든 – 를 배우지 않으면 안 되는 딱한 처지에 놓여 있었다. 몇몇 번역되었거나 소개되고 있는 우리말 철학책들을 읽으면서 – 그 언어를 사용하는 한국인의 한 사람인 – 나는 도저히 그런 책들을 따라갈 수가 없었다. 철학계에서 사용하는 철학용어들에 문제가 많음을 몸으로 느낄 수가 있었다. 우선 대부분의 용어들이 일본어 번역을 차용해온 것이라는 데에 문제가 있었다. 대부분의 철학계 학자들이 일본어로 철학을 공부한 세대이기에 일본어에 익숙해 있었고, 그래서 어쩔 수 없이 일본어로 번역된 책들을 갖고 철학을 공부했으며 따라서 일본어로써 철학을 한 셈이다. 몇몇 출간되어 있는 우리말 번역서도 일본어를 참고한 또는 일본어를 바탕으로 한 중역이 대부분이었다. 우리 철학계는 알게 모르게 '일본식 철학함'의 그늘에 놓여 있었던 것이다. 이미 반세기 전에 안호상 선생은 이 점을 비판하며 우리말로 철학할 것을 외쳤다. 그는 우리말로 자신의 저서 『철학강론』과 『논리학』

을 출간하는 데 대한 다른 동료 학자들의 곱지 않은 시선을 느끼며 이렇게 말하고 있다. "한자(漢子)를 폐지하고 한글, 한자술어(漢子術語) 대신에 한글술어, 세로로 대신에 가로로 쓰는 등이 다 충고와 비난의 대상이 될 것이다. 그러나 제 말이 아니고는 제 생각이 없고, 제 글이 아니고는 제 학문을 창조할 수 없다는 것을 깊이 깨닫지 아니하면 아니 된다. 우리의 위대한 학문은 한글의 학술어로 생각하고 쓰는 데서만 될 수 있음을 다시 한번 강조하는 바이다." 안호상 선생의 이러한 선각자적인 외침은 지금까지도 아무런 메아리가 없는 셈이다.

처음부터 일본어의 영향 아래 놓여 있는 우리말 번역어를 전혀 모르면서 독일에서 독일어로 독일식으로 사유하며 철학 공부를 시작한 나에게는 한국에서 철학공부를 시작한 다른 사람에게 없는 장점이 하나 있음을 조금씩 깨닫게 되었다. 논의가 되고 있는 철학적 사태를 일본어적인 안경을 끼고 보는 것이 아니라 순수하게 우리말의 언어적인 상황에로 옮겨 놓고 우리의 일상세계적 맥락에서 이해해 보려고 시도할 수 있다는 가능성이 그것이었다.

지금 우리가 처해있는 '철학의 위기'는 한마디로 삶과 앎이 겉도는 소외 및 이질현상에 있다. 앎이 삶과 괴리되어 삶에 아무런 방향지침을 주지 못하고 아울러 앎은 삶으로부터 아무런 자양분을 길러내지도 못하고 있다. 삶 따로 앎 따로 평행선을 그리며 진행되고 있는 것이 우리의 생활세계이다. 학계에서는 말들의 잔치가 넘쳐흐르고 있지만 그 말들이라는 것이 서양의

삶의 세계에 뿌리를 둔 빌려온 말들이기에 우리의 생활세계와
는 무관한 것들이다. 우리의 삶과 무관한 번역어들이 우리의
삶을 살찌우지 못하고 귀를 때리는 소음으로 전락해버렸기에
사회구성원들로부터 외면을 당할 수밖에 없는 실정이다. 애당
초 삶에 되먹임될 수 없는 앎(이론)이란 삶에 겉도는 기름과
같은 존재일 뿐이다. 사람들은 철학에서 제공받지 못하는 앎
을 거리에 널려 있는 '철학관'에서 얻으려 한다. 이는 사람들
이 사용하는 '언어'와 철학계에서 사용하는 '언어'가 다르기
때문이다. 이 시점에서 우리는 우리들이 철학계에서 사용하는
언어가 아직도 일본(더 나아가 서양)의 그늘에서 벗어나지 못
한 '식민지적 언어'가 아닌지 반성해 보아야 할 것이다. 또한
일본의 식민지에서 해방된 지 반세기가 지났건만 아직도 주체
성을 강조하는 철학계가 일본의 지배 아래 있는 것은 아닌지
자성해 보아야 한다. 세계를 보는 눈이라는 '언어'가 과연 우
리의 삶의 세계에서 통용되는 우리말인지 되돌아보아야 한다.

글쓴이의 철학함을 이끌고 있는 '언어'에 대한 열 가지 명
제를 소개하면 다음과 같다. ① 언어는 세계를 보는 눈이다.
② 언어는 민족을 묶는 끈이다. ③ 언어는 사고방식을 형성해
주는 틀이다. ④ 언어는 의식의 밑바탕을 이루는 무의식이다.
⑤ 언어는 정서의 공감대이다. ⑥ 언어는 자주와 자율의 바탕
이다. ⑦ 언어는 자유와 평등의 조건이다. ⑧ 언어는 학문(과
학)을 위한 필수불가결의 전제이다. ⑨ 언어는 사람 사이의 다
리이다. ⑩ 언어는 존재의 집이다.

## 우리말의 천지인 합일 구조

탈식민지성에서 벗어나서 주체적인 중심잡기를 통해 다중심 시대에 대비해야 할 지식인들이 시대의 흐름을 잘못 읽고 세계화에 놀아나거나 전근대적인 발상에 사로잡혀, 한쪽에선 '영어 공용어론'을 들고 나오는가 하면 다른 한편에서는 시대착오적으로 '한자병용'을 외치고 있다. 그동안 우리는 세계에서 가장 훌륭한 언어를 갖고 있으면서도 지식인들이 사대주의에 빠져 해바라기처럼 중국이나 서양만을 바라보며 그들의 문화와 언어를 배우기에 급급하여 우리말, 우리 것을 천시해온 까닭에 한 번도 제대로 우리말이 그들에 의해 연구는커녕 사용 또는 활용도 안돼 왔다.[7]

그러면서 우리말이 학문을 하기에는, 철학적으로 깊이 있는 사상을 표현하기에는 너무 부족하다고 일축해버렸다. 그렇지만 그것은 한 번도 제대로 관심 있게 연구해 보지도 않고 성급하게 선입견에 사로잡혀 내린 결론에 불과하다. 5백 5십 년 전에 발간된 「훈민정음 해례본」만을 보아도 우리말이 얼마나 철학적인 바탕 위에서 우리의 생활방식과 의식구조를 반영하여 제작되었는지를 확인할 수 있다. 그야말로 우리말만을 연구해도 우리만의 독특한 '한국철학'을 재구성해낼 수 있건마는 소위 지식인이라는 사람들은 남의 것에 눈이 팔려 우리 것을 못보고 있는 실정이다. 자기 것을 소중히 여기지 않는 자에게 미래는 없다는 것을 명심해야 할 것이다.

정인지 등 집현전 학사들이 세종대왕의 명을 받고 저술한 '훈민정음'의 「글자 지은 풀이(制字解)」를 보면 우리글 제작의 대원칙이 다음과 같이 쓰여 있다.

"하늘과 땅의 이치는 하나의 음양(陰陽)과 오행(五行)뿐 이다. 곤(坤)괘와 복(復)괘 사이가 태극이 되고 움직이고 고 요한 후에 음양이 된다. 무릇 생명을 지닌 무리로서 하늘과 땅 사이에 있는 자 음양을 두고 어디로 가랴. 그러므로 사람 의 목소리도 다 음양의 이치가 있건마는 도리어 사람이 살 피지 못할 뿐이다. 이제 정음 지으신 것도 애초에 꾀로 일삼 고 힘으로 찾아낸 것이 아니라, 다만 그 목소리에 따라 그 이치를 다하였을 뿐이다. 이치가 이미 둘이 아닌즉 어찌 천 지 귀신으로 더불어 그 용(用)을 같이 하지 않을 수 있겠는 가. 정음 28자도 각각 그 형상을 본떠서 만들었다."[8]

우주 안에 존재하는 모든 것은 태극·음양·오행 등의 지배 를 받지 않을 수 없는데, 인간도 그 존재 가운데 하나이기 때 문에 그 지배를 벗어날 수 없다. 특히 인간의 발음과 발성 역 시 그 영향을 받고 있을 터이기에 거기에 바탕하여 글자를 지 었음을 천명하고 있다.

우리글 제작에 참여하였던 정인지, 신숙주, 성삼문 등이 일 반 백성에게 알기 쉽게 설명해주기 위해 세종대왕의 명에 따 라 1446년에 지은 「훈민정음의 풀이와 보기(訓民正音 解例本)」

에 의하면 정음 28자는 음양, 오행 등의 철학사상에 바탕하고 있음을 확인할 수 있다. 자음, 즉 첫소리(初聲)의 경우는 어금니(牙)·혀(舌)·입술(脣)·이(齒)·목구멍(喉), 다시 말해 구강오행(口腔五行)의 소리로서 ㄱㅋㅇ·ㄴㄷㅌ·ㅁㅂㅍ·ㅅㅈㅊ·ㅇㆆㅇ·ㄹㅿ(=반혓소리, 반잇소리) 등이다.

"첫소리 17자의 제자 원리는 다름 아닌 태극과 음양과 삼재와 오행의 원리이며, 이 이치에 의하여 구강(口腔) 안의 발음 부위를 다섯 부위로 나누고, 각각 그 발음기관의 형상을 본떠서 그것을 기본형으로 삼고, 소리의 변화에 따라 획을 더하여 부위마다 세 층씩을 만든 것이라 하겠다."9)

모음, 즉 가운데소리(中聲) 11자의 제자 원리를 보면 다음과 같다.

" ㆍ : 혀를 바싹 오그리고 구강의 깊은 데서 나는 소리니, 마치 하늘이 제일차로 자(子)에서 열린 것과 같다. 그러므로 하늘을 본떠서 만드니 그 형상이 둥글다. ㆍ가 수직으로 움직이면 ㅣ가 되고, 수평으로 움직이면 ㅡ가 된다. 그 밖에 ㆍ는 'ㅗ ㅏ ㅜ ㅓ'와 'ㅛ ㅑ ㅠ ㅕ'의 여덟 소리에 두루 꿰어 있으니, 이것은 마치 양이 음을 거느리고 만물에 두루 흘러 있는 것과 같다. (……)

'ㅡ' : 혀를 조금 오그리고 구강의 깊지도 얕지도 않은 데서 나는 소리니, 마치 땅이 제2차로 축(丑)에서 벌어진 것과 같다. 그러므로 땅을 본떠서 만드니 그 형상이 평평하다. (……)

'ㅣ' : 혀를 오그리지 않고 구강의 얕은 데서 나는 소리니

마치 사람이 제3차로 인(寅)에서 난 것과 같다. 그러므로 사람
을 본떠서 만드니 그 형상이 곧게 서있다……

"이상 '、' '一' 'ㅣ', 세 소리는 천지인(天地人) 삼재의
원리에 의하여 만들어진 것이니, 이것을 자세히 살펴보면
'、'는 태극이요, '一'와 'ㅣ'는 양의(兩儀)이기도 하다. 즉,
주역에 이른바 '태극이 양의를 낳았다'는 것이 이 삼재원리
의 바탕이 되는 동시에, 훈민정음의 모든 가운뎃소리는 그
첫소리의 경우와 같이 모두 태극과 음양의 원리에 의하여
만들어진 것을 알 수 있다."[10]

가운뎃소리에서는 무엇보다도 하늘의 역할이 강조되고 있
으며, 그 다음으로 인간의 구실이 도드라지고 있다.

"'、'가 여덟 소리에 다 꿰어 있는 것은 마치 양이 음을
거느려서 만물을 두루 흐르는 것과 같고, 'ㅛ ㅑ ㅠ ㅕ'가
다 사람('ㅣ')을 겸하고 있는 것은 사람이 만물의 영장이 되
어, 능히 하늘과 땅의 일에 참여하기 때문이다. 형상을 하늘
과 땅과 사람에서 취하니 삼재(三才)의 이치가 갖추어져 있
다. 그러나 삼재는 만물의 선두가 되고, 하늘은 또 삼재의
시초가 되는 것이, 마치 '、 一 ㅣ' 3자가 여덟 소리의 머리
가 되고, '、'가 또 3자의 갓이 되는 것과 같다."[11]

첫소리와 가운뎃소리와 끝소리가 아우러져 형성된 독특한

한글이 함축하고 있는 우주질서를 훈민정음 해설자들은 다음과 같이 풀이하고 있다.

"첫소리와 가운뎃소리와 끝소리가 합하여 이룬 글자를 가지고 말하면, 움직이고 고요함이 서로 뿌리박고, 음과 양이 사귀어 변하는 뜻이 있으니, 움직이는 것은 하늘이요, 고요한 것은 땅이요, 움직이고 고요한 것을 겸한 것은 사람이다. 대개 오행이 하늘에 있어서는 신(神)의 운행이요, 땅에 있어서는 질(質)의 이룸이니, 사람에 있어서는 인(仁)과 예(禮)와 신(信)과 의(義)와 지(智)는 정신의 운행이요, 간과 염통과 지라와 허파와 콩팥은 질의 이룸이다. 첫소리는 피어나 움직이는 뜻이 있으니 하늘의 일이요, 끝소리는 그쳐 정(定)하는 뜻이 있으니 땅의 일이요, 가운뎃소리는 첫소리의 생(生)하는 것을 받아서 끝소리의 이루는 데에 접(接)하니 사람의 일이다. 대개 자운(字韻)의 요긴함이 가운뎃소리에 있으니, 첫소리와 끝소리가 (가운뎃소리와) 합하여서 글자의 음(音)을 이루는 것이 마치 하늘과 땅이 만물을 생하고 이루되, 그 마르재어(치수에 맞추어 베고 자르어서) 이루고 보필하여 돕는 것은 반드시 사람의 힘에 자뢰함(재료가 되어 의뢰함)과 같다."[12]

우리말 속에 녹아 들어가 있는 한국인의 독특한 '천지인 합일'의 세계관은 우리 배달겨레의 개국신화인 「단군신화」에서도 확인할 수 있다. 「단군신화」에 의하면 한 마리의 호랑이와

한 마리의 곰이 같은 굴에 살면서 사람이 되게 해달라고 환웅신(神雄)에게 빌었다. "곰은 '곰·고마'로 표기되기도 한다. 한 마디로 '고마(곰)'는 태음신으로서 물과 땅, 결국은 생산을 주재하는 여성신이었으며, 환웅은 '니마(님＞임)'계의 태양신으로 하늘과 불을 다스리는 제우스격의 신이었으니, 님과 곰 사이에서 태어난 사람이 바로 단군왕검이었던 것이다."13)

'고마'는 태음신을, '니마'는 태양신을 드러내면서 대립개념으로 쓰인다. '니마'는 말 그대로 '고마'에 대립적인 표상으로서 '태양·앞·붉은색·불·남성·여름·혓소리·군왕·남칠성·낮·벌판'의 뜻으로 쓰인다. 이렇게 정호완은 단군왕검이 바로 '고마·니마'와 연관됨을 지적하고 있다. "'단군'은 비는 제사장이고, '왕검'은 '님금'으로서 '님(니마 ; 태양신)＋금(고마 ; 태음신)'으로 풀이된다. 결국은 태양신 '니마(님＞임)'와 태음신 '고마(＞곰)에 제사지냈던 부족 대표자가 단군왕검이라고 보는 것이다."14)

정호완은 다른 곳에서 우리말 '임금'이 간직하고 있는 의미의 흔적을 이렇게 밝혀내고 있다.

"단군왕검에서 우리는 임금이란 말의 원형을 볼 수 있는데, 임금은 니마와 고마신의 변이형으로 보이며 제사를 모시던 대상신의 뜻은 없어지고 오히려 신을 제사하던 사람을 가리키는 말로 쓰이게 되었다. 즉 '님금(태양신과 태음신-불

의 신과 물의 신)→님금(>임금 ; 태양신과 태음신을 제사하
는 사람)'으로 간추릴 수 있다.”15)

더 나아가 그는 지금 우리가 일상생활에서 자주 사용하고
있는 '……님'이라는 어법에서 천지인 합일의 의식구조가 깔
려있음을 확인할 수 있다고 말한다.

"상대방을 '-님'이라고 부르는 우리의 관습은 태양신과
같은 존재로 본다는 의식이 그 밑바닥에 있으니 참으로 소
중한 인본주의의 드러냄이 아닐 수 없다.……태양처럼 빛나
는 밝음에의 지향을 갖고 사는 배달겨레는 옛부터 어두움과
사악하고 불의에 찬 것을 매우 싫어하였다. 가장 종교적인
개념에서 비롯한 임의 뜻과 정서가 이제 인간적인 개념으로
쓰이고 있다. 하늘과 땅에 사는 사람이 하나로 어우러지는
전제가 없고서는 참다운 임의 세계는 저만치 있을밖에.”16)

# 21세기의 화두 '생명' : 생명과 더불어 철학하기

## 역사의 종말과 최후의 인간

20세기 말, 21세기 초 전세계적인 화두는 '생명'이다. 그래서 우리는 '생명과 더불어 철학하기'를 시도해야 한다.

지금으로부터 2, 3백 년 전, 그 당시 조선사회를 지탱하던 근본 가치관은 충과 효였다. 그로부터 2, 3백 년이 지난 지금 우리 사회를 지탱하는 근본 가치가 무엇인지에 대하여 이제 우리는 물음을 던져 보아야 한다. 충과 효가 이 시대, 우리의 가치관이 될 수 없다면, 무엇이 우리가 추구해야 할 가치관으로 등장하였는가?

20세기 후반부터, 서구 사회를 지배하는 자유·평등·인권·

사회정의라는 기본 가치가 우리 사회에서도 아무런 의심 없이 통용되고 있다. 우리 사회에서 이러한 것들이 나름대로의 가치로 인정되고 있고 이것이 실현되는 사회는 분명 살기 좋은 사회임에 틀림없다.

그러나 이러한 서구의 가치가 우리 사회를 끌고 가는 방향이 어디인가에 대해서 우리는 한번 깊이 반성해야 할 필요가 있다. 어떤 사람은 우리 사회를 지탱하고 있는 근본 가치가 무엇인가 하는 질문에 망설임 없이 '돈'이라고 대답하기도 한다. 바로 여기에서 우리는 서구적 가치관이 지니는 폐해의 일단을 볼 수 있다.

20세기 초반에 이미 이러한 서구 사회의 가치관이 가져올 폐해에 대하여 심각하게 고민했던 사람들이 있었다. 막스 베버와 니체가 바로 그들이다. "엄청난 문화 발전의 최종단계에서 기계화된 화석인간이 나타날지도 모른다. 화석인간은 정신이 없고 감정이 없는 육욕주의자이다."

베버는 인류문명 발전의 마지막 단계에서는 정신이 없는 전문가, 감정이 없는 육욕주의자가 나타날 것이라고 보았다. 니체는 '최후의 인간'에 대하여 이야기했다.

얼마 전 일본계 미국인인 프란시스 후쿠야마라는 사람이 『역사의 종말과 최후의 인간』이라는 책을 썼는데, 그는 이 책에서 역사의 종말에 '최후의 인간'이 나타날 것이라고 말했다. 그는 니체의 '최후의 인간'이라는 화두를 자신의 책에 그대로 사용하고 있다.

니체는 『짜라투스트라는 이렇게 말했다』라는 책에서 '최후의 인간'에 대하여 이렇게 표현하고 있다.

"인간은 더 이상 가난하게 되지도 않거니와 부유하게 되지도 않는다. 이것도 저것도 다 거추장스럽다. 누가 여전히 지배하려고 하는가, 누가 여전히 복종하려고 하는가, 이것도 저것도 너무나 다 귀찮다. 목자 없는 양 떼 모두 똑같은 것을 원하며 모두 다 똑같다. 다르게 느끼는 사람은 자진하여 정신병원에 간다. 인간은 영리하여 모든 일을 잘 알고 있다. 대낮에는 대낮의 기쁨을 누리고 밤이면 밤대로의 재미를 보지만 건강에도 아무쪼록 유의하라. 우리들은 행복을 발견하였다. 최후의 인간은 이렇게 말하고 눈을 끔뻑거린다."

헉슬리의 『멋진 신세계』에 나오는 사람은 이렇게 말한다. "우리는 행복을 발견하였다." "우리는 행복하다." 그 책에 나오는 등장인물들은 마치 자기네가 행복을 발견한 듯한 착각 속에서 살아가고 있다.

## 몸나 중심의 살(몸)살이

지금 우리 사회의 모든 사람들의 관심사는 건강이다. '젊음·십대·청춘', 이러한 것들이 모든 사람이 추구해야 할 가치가 되었다. 예전 사회는 노인 중심의 사회였으므로 원로들을 존중하였으나, 지금은 젊음이 지속적으로 추구해야 될 가치가 되어버렸다. 이제 사람들의 관심을 끄는 것은 '육질 좋은 것'과 '때깔 좋은 것'이다.

성형수술을 하고 값비싼 화장품을 바르고 무리한 다이어트를 하는 등 사람들의 관심사가 온통 육질 좋은 것에만 쏠려있다. 마치 누군가에게 잡혀먹기를 바라는 것처럼 말이다. 특히 우리 나라 사람들은 건강에 대한 관심이 지나쳐 이러한 극단적인 상황에까지 이르게 되었다.

베버와 니체와 후쿠야마의 '최후의 인간'에서 말하는 인간 문명 발달의 마지막 단계에서의 관심사는 오로지 건강뿐이다. 우리가 생명에 대한 이야기를 끌고 나올 때에도 많은 사람들은 대개 건강과 육체에 대해서 생각한다.

"돈을 잃으면 조금 잃는 것이고 명예를 잃으면 많이 잃는 것이고 건강을 잃으면 전부 잃는 것이다." 어느 약국 벽에 걸려 있는 문구이다. 육체적인 삶에 대한 관심은 건강에 대한 관심으로 이어지고, 이러한 건강에 대한 관심은 식(食)과 색(色, Sex)으로 이어진다. 우리 나라에서는 식(食)과 색(色)에 관련된 사업은 절대 망하지 않는다. 육체적인 삶의 주종을 이루고 있는 것은 먹는 것과 성이다.

서구 사회를 지탱하고 있는 인권이라는 문제는 인간의 육체와 뗄 수 없는 연관성을 가지고 있다. 예전에 서양은 정신과 육체를 하나로 생각한 동양과는 다르게, 정신과 육체를 엄격하게 구별하여 인간의 육체를 무시하였다.

"인간은 육체를 가졌지만 육체를 안 가진 듯이 살고, 육체를 억누르고, 감정을 억누르며 천사처럼 살아라!", 즉 "육체를 가지고 있으면서 천사가 되어라!", 이것이 일반사람들이 살면서 귀에 못이 박히도록 듣는 통속적인 서양의 기독교적인 윤리의 일단이다.

지금으로부터 백여 년 전 다윈이 『종의 기원』에서 인간의 조상은 원숭이라고 선언한 이후부터 비로소 서양에서 육체 중심의 삶이 시작되었다고 할 수 있다. 그때까지 서구 사회를 지탱해오던 이성적인 것, 도덕적인 것, 영원한 것을 추구하던 정신적인 삶의 가치는 뒤꼍으로 물러나고 육체가 중심이 되는 가치관으로 바뀌었다.

'삶' '살아감' '살아남음' '오래 삶' '잘 삶' '탈 없이 삶' '병 없이 삶' '재미있게 삶' '행복하게 삶' '의미 있게 삶'. 우리 주변에서 우리의 관심과 화젯거리가 되고 있는 것은 온통 살아가는 문제이다.

'생존'의 문제가 어느 정도 해결되면 '생활', 즉 여유 있는 생활, 문화적 생활이 문제가 된다. 잘살고, 편하게 사는 것, 살아남는 것이 문제가 되는 것이 아니라, 어떻게 즐기며 사느냐가 문제가 되는 것이다. 이때부터 건강과 먹는 것과 성(Sex)에로 자연스럽게 사람들의 관심이 옮겨간다. 특히 한국 사회에서는 이 먹을거리 문화가 문제가 되고 있다. 우리는 건강식품에 유난히 관심이 많고, 먹는 즐거움을 위하여 온갖 희귀한 생물들을 다 죽이고 있다.

다석 류영모 선생은 "식사(食事)는 장사(葬事)다"라고 말한다. 그는 우리의 식사가 다른 생명체에게는 장례식이 된다고 보았다. 그래서 다석 선생은 "나는 하루에 한 번만 생명체를 죽인다. 그 다음은 내가 내 몸을 먹는다"라고 하면서 일일일식(一日一食)을 하였다. 예수 그리스도가 제자들에게 "내 몸을 받아먹어라"라고 하신 말씀을 다석 선생은 이렇게 이해하였던 것이다.

우리가 가능하면 다른 생명체를 죽이지 않고, 자기의 몸을 먹으려고 하고 "식사(食事)는 장사(葬事)다"라는 말의 의미를 제대로 이해하려 노력할 때 생명, 즉 살림에 대한 해결책이 쉽게 나올 수 있다. 그러나, "내가 내 돈 주고 먹고 싶은 것 사 먹는데 무슨 간섭이냐"고 한다면 그것은 제 목숨 하나 연장하자고 다른 생명체를 죽이는 죽임의 생활이 될 것이다.

이렇게 육질 좋고 때깔 좋은 것에만 관심을 두어 건강과 먹을거리와 섹스에 정신이 쏠려있는 사람들이 지금 곤란에 처해 있다. 과학의 눈부신 발달로 인하여 유전자 조작을 하고 복제소를 만들었는데, 새롭게 만든 이러한 것들이 건강에 좋지 않고 기형아 출산을 할 수도 있다고 하니 이제는 많은 사람들이 유기농법을 해야 한다고 떠들어 대고 있다.

이제 먹을거리가 죽(死)거리가 되는 세상이 되어가고 있다. 육체적인 삶, 편한 삶, 때깔 좋은 삶, 즐거운 삶의 종말은 '최후의 인간' '기계화된 화석의 인간'이다. 서양의 육체 중심적인 삶의 태도와 방식은 알게 모르게 우리를 하나의 삶으로 몰아가고 있는데, 그러한 삶의 밑바탕에는 인간 중심적인 삶의 태도가 놓여 있다.

## 인간 중심에서 생명 중심에로

이제까지의 서양 철학의 핵심은 인간 중심적이었다. 서양 철학의 고대와 중세에서는 실체·본질·존재가 화두가 되었고, 근대에서는 인간이 주인인 주체가 화두가 되었다. 인간의 사유는 모든 것을 객체화, 대상화시켜서 자기가 주인이 되는데, 이러한 사유태도를 이성 또는 언어, 즉 로고스 중심주의라고 한다.

근대 초기에 기계론적인 세계관이 나타났는데, 이것에서 한 단계 더 나아간 것이 다윈의 진화론적인 세계관, 유기체적인 진화론이다. 기계론적인 세계관의 가장 좋은 모델은 '시계'이다. 중세에는 이 세계가 하느님의 의도대로 만들어졌으며, 이 세계라는 '시계'가 제 기능을 발휘하지 못할 때에는 하느님이 이 세계에 와서 고장난 시계를 고쳐주는 것으로 생각하였다. 그것이 바로 '기적'이라는 초자연적 사건들이다.

그러나 다윈의 진화의 법칙이 발견되면서 이 세계는 더 이상 하느님의 잦은 개입이 필요하지 않음을 알게 되었다. 더 나아가 이제 인간 스스로가 기계를 만들어 모든 것을 다스리고 정복하기 시작했다. 지구상에 있는 모든 것들은 만물의 영장인 인간의 필요를 위해서 만들어졌다고 여기면서 모든 생명체를 인간이 마음대로 해도 되는 것처럼 다루기 시작했다.

인간은 스스로를 진화의 꽃으로 자처했다. 다윈의 진화의 법칙은 인간사회를 생존경쟁이라고 보았고, 거기에는 적자생존과 자연도태라는 두 가지의 원칙이 있다고 주장한다. 이 법칙에 따르면 생존경쟁을 통하여 자연도태를 견뎌낸 강한 인간만이 살아남는다. 그러나 생물의 세계에서 진행되고 있는 법칙을 그대로 인간에게 적용시키고 그것을 지구, 우주에까지 확대 적용시키려 드는 것은 잘못이다.

이러한 추세의 서양 철학은 이성 중심이고, 존재 중심이고, 인간 중심이다. 그리고 여기에서 이야기되고 있는 인간은 '하얀 인간', 즉 서양인이다. 인간들도 당연히 적자생존을 하는데 지금 세상을 지배하고 있는 것은 백인이니, 백인이 흑인이나 황인종보다 우수함이 입증된 것이 아닌가. 이것이 서양 중심의 밑바탕에 깔려있는 생각이다.

이러한 서양의 화두와는 다르게 동양의 화두는 관계이다. 유교·불교·노장사상의 사고는 한마디로 '관계론적'이라고 할 수 있다. 예를 들어, 유교의 덕목들을 살펴보면 거기에는 '나'는 없고 나를 싸고 있는 관계만 있다.

그런데 현대에서 생명의 문제가 대두되면서 관심을 끌고 있는 것이 이러한 '관계론적 세계관'이다. 카프라[17]의 『생명의 그물』은 이러한 '관계론적인 세계관'을 기본 관점으로 하여 쓰여진 대표적인 책이다. 관계론적인 세계관은 그물망적인 세계관이다.

20세기 초까지만 하여도 서양사람들은 인간 중심적으로 세상과 우주를 보았는데, 그렇게 해서는 인간이 겪게 될 지구적

재앙인 생태 문제와 인구폭발 문제, 빈부격차 문제 등을 풀 수 없음을 깨닫게 되었다. 이제 서양사람들도 인간 중심에서 생명 중심으로 사유태도와 생활방식을 바꾸어야 인류에게, 지구에 희망이 있음을 느끼게 되었다.

여태까지 인간의 삶만을 가장 가치 있는 진화의 꽃으로 보았던 서양에서 생명에 대한 관심이 없었던 것은 아니다. 니체의 '생의 철학', 딜타이의 '삶의 철학'에서 서양인들은 그들의 생명에 대한 관심을 보여 주고 있다. 그러나 여기에서 말하는 생과 삶은 모두 인간의 생과 삶에 주안점을 둔 것으로 인간이 중심이 되어 인간의 삶이 관심이 되고 있다.

이제 우리는 인간 중심에서 생명 중심으로 발상의 전환을 해야 한다.

"우리는 모두 알고 있다. 한 가족이 혈연으로 이어지듯 삼라만상이 모두 연결되어 있다는 것을. 지구에서 벌어지는 모든 일은 지구의 딸과 아들들에게도 그대로 닥친다. 인간들이 생명의 그물을 짜는 것이 아니다. 인간이란 단지 그 그물 속의 한 올일 뿐. 그 그물에 가하는 모든 일은 스스로에게 향한 것이니."(테드 페리)

여태까지는 인간이 생명의 그물망을 짠다고 생각했는데, 그것은 인간의 착각이다. 생명의 그물망 속에서 인간은 오로지 한 올일 뿐이다.

우리는 이제 생명의 깊은 의미를 제대로 알아듣기 위해서 다른 문화권의 다른 이성들에도 귀를 기울이려는 열린 태도를 가져야 한다. 우리는 한국인의 삶 속에 각인되어 있는 생명의 의미를 다음과 같이 표현할 수 있다.

　　"하늘과 땅의 큰 덕으로 하늘과 땅 사이에 나서 살아가고 있는 모든 것을 생명이라고 한다. 살아있는 모든 것, 살아있게 끔 하고 있는 모든 것은 하늘의 명을 받은 '생명'들로서 하늘 과 땅의 숨돌이(대기변화)와 피돌이(기상변화)에 참여하고 있다. 인간은 모든 '생명체'에서 하늘의 뜻을 읽을 수 있어야 하며, 그 신비로운 생명의 사건에 '사이 존재'로서 책임감을 갖고 동참해야 한다."

　　생명은 라틴어로는 vita, 불어로는 la vie, 독일어로는 leben, 영어로는 life인데, 이 모든 낱말 안에는 인간 중심적인 생각이 담겨 있다. 영어의 life를 우리말로 '생명'이라고 번역하는데,

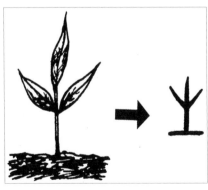

'生'자의 출현배경
(『漢子正解』, 비봉출판사, 1996).

우리가 말하는 '생명'에는 이러한 영어 단어에서 감지할 수 없는 다른 깊은 의미가 간직되어 있다. '생명(生命)'에서 '생(生)'이라는 글자는 "땅에서 싹이 돋아나는 것"을 형상화한 것이다. 생(生)이라는 글자의 변천과정은 이렇다.

이것의 의미는 "하늘과 땅 사이에 큰 힘을 받아서 그 사이에서 싹을 틔워서 존재하게 되는 어떤 것"이다.

'명(命)'이라는 글자는 중요한 의미를 간직하고 있다. 명(命)은, 관청 안에서 무릎을 꿇고 있는 사람의 모습을 형상화한 것이다. 관청에서 높은 사람이 하늘의 뜻을 선포하는 것이 '령(令)'인데, 이 '령'이 입으로 전해지기에 그것을 분명히 표현하기 위해서 '입 구(口)'자를 붙인 것이 '명(命)'이 된 것이다.

이러한 명(命)에는 '명령' '천명' '운명'의 의미가 담겨있는데, 그 중에서도 가장 큰 의미는 천명(天命)의 의미이다.

따라서 생명은 하늘의 명(命)을 받아서, 하늘과 땅 사이에

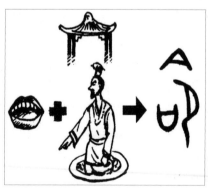

'命'자의 출현배경
(『漢子正解』, 비봉출판사, 1996).

큰 덕을 받아서 존재하게 된 것이다. 생명은 인간이 만들어낸 것이 아니라 하늘과 땅의 큰 덕으로 존재하게 된 것이다.

우리말의 독특한 사용을 통해서 생명의 의미를 좀더 살펴보도록 하자. 우리는 생명, 생물 그리고 생체를 구별해서 사용한다. 즉, 인명·인물·인체를 구별하여 사용한다.

인명(人命)은 하늘에서 부여받은 인간의 존재나 생명을 강조하기 위한 표현이고, 인체(人體)는 살덩이로서의 육체를 지칭하기 위한 낱말이다. 즉 육질 좋고 때깔 좋은 것은 인체나 생체에 해당이 된다. 그리고 그러한 인체나 생체는 실험의 대상이 될 수 있다. 그래서 생체실험, 인체실험이라는 말이 사용되고 있다.

인명(人命)이라는 말 속에는 인간으로서는 어찌할 수 없는, 하늘로부터 부여받은 존귀함의 의미가 들어있다. 명(命)은 천명(天命)을 받고 그 자리에 살고 있다는 의미이다. 생명에 함축되어 있는 이러한 성(聖)스러움을 우리는 언제부터인가 잃어버리기 시작하였다.

중세에서 근대로 넘어갈 때 서양의 기계론적인 세계관은 성(聖)스러움, 즉 신을 괄호 안에 넣어버렸다(지구지배에서 배제하였다). 근대의 서양인들은 하느님이 이 세계를 완벽하게 만들었으므로 이 세계는 완벽하게 돌아가고 있다고 생각한다.

이러한 기계론적인 세계관 속에서 의학이 발달할 수 있었고, 생체실험을 허용하였다. 인간의 장기를 기계부품처럼 갈아 끼울 수 있다는 생각을 가능하게 하였다. 그래서 인체에 칼을 대는 것을 금기시하였던 동양과는 다르게 서양에서는 해부학이 발달할 수 있었다. 동양의학과 서양 의학의 차이는 단순한 의학기술의 차이가 아니라 세계관의 차이가 깔려있다.

서양의 세계관이 기계론적인 세계관인데 비하여 동양의 세계관은 전체를 보고 생명을 살리는 전일론(holistic)적인 세계관이다. 얼마 전부터 서양에서도 이러한 기계론적인 세계관의 한계를 깨닫고 그물망적인 세계관으로 전회하려고 노력하고 있다.

우리가 살고 있는 이 지구가 환경오염으로 폐기처분될 위기에 놓이자 새로운 주거지를 찾기 위하여 "화성에 생명체가 있을까"라고 생각하며 화성에 탐사선을 보냈다. 그러나 굳이 탐사선을 보내지 않아도 화성이 살아있는 행성인지를 알 수 있는 길은 있다고 한다.

살아있는 행성인 지구의 경우, 이 지구가 우주 속에서 우주와 관계 맺고 있는 양태가 지구의 대기권이라는 형태로 나타나고 있다. 똑같이 화성이 우주와 관계 맺고 있는 양태를 과학적으로 관찰하고 분석한다면 살아있는 행성인지 죽은 행성인지를 알 수 있다는 이야기다.

지구에 생명체가 있다는 것을 우리는 지구가 지구 바깥의 우주환경과 관계 맺는 방식 속에서 알아볼 수 있다. 지구를 둘러싸고 있는 대기권과 그 안에서 벌어지고 있는 모든 기상변화가 지구의 숨돌이와 피돌이이다. 그러나 화성에는 이러한 숨돌이와 피돌이가 없다. 즉 생명체의 흔적이 없다. 이렇게 지구 전체를 생명체로 보는 것을 '가이아 이론(Gaia theory)' 이라고 부른다.

생명에 대하여 이야기할 때 우리는 유기체로서의 생명에만 관심이 있는데, 카프라는 더 나아가 그러한 생명을 가능하게 만드는 앞의 단계에 주목해야 한다고 말한다. 카프라는 물리·화학적인 단계에 이미 생명이라고 말할 수 있는 관계 양식이 있다고 본다. 그리고 이렇게 볼 때 지구 전체가 하나의 살아있는 시스템이라고 생각해 볼 수 있다.

## 생존경쟁이라는 삶의 원칙과 죽임의 문화

자유·평등·인권·사회정의라는 서구 사회를 지탱하는 가치관의 밑바탕을 잘 분석해보면 거기에는 생존경쟁이라는 원칙에 의해서 살아가고 있는 진화론적인 세계관이 깔려있다. 그리고 이러한 진화의 꼭대기에는 '인간'이 있다.

서양의 문명과 문화의 밑바탕에는, 생존경쟁을 유일한 생명의 원칙으로 삼는, 그리고 정복자로서의 인간의 삶의 유지를 위해서 죽임을 정당화하는 생존법칙이 깔려있다. 서양사람들은 선교자적인 사명감에 불타올라 새로운 땅을 정복하고 자신들의 사회를 지탱해주는 가치관을 그곳에 살고 있던 원주민에게 심어주어 승자이며 정복자인 자신들을 위하여 봉사하며 희생해야 하는 노예로 만들어 다스렸다.

지금 전세계를 지배하고 있는 세 축은 자유민주주의, 자본주의 시장경제, 기술과 과학인데, 이 세 가지가 모두 서구적인 것이다. 김용옥은, 서양이 우리보다 딱 하나 나은 것이 있는데,

그것은 과학이다라고 말하지만 그것은 전체를 보지 못하고 판단한 것이다. 앞에서 열거한 세 가지가 모두 서양적인 것이다.

서구의 근대화를 가능하게 하였던 인쇄기술, 종이, 화약, 나침반 등이 모두 동양에서 먼저 발명되었지만 동양은 이것을 서양처럼 실용화시키지 못했다. 그것은 동양의 문화가 서양처럼 생존경쟁적인 죽임의 문화가 아니었기 때문이다. 화약은 동양에서 먼저 발명되었지만 동양은 그것을 축제 때 폭죽으로 사용하였다. 그러나 그것을 받아들인 서양은 그것을 다른 사람을 죽이고 정복하는 대포를 만드는 데 활용했다.

이렇게 세계관이 다르면 문화도 다를 수밖에 없다. 서구 사회를 지탱하고 있는 자유·평등·인권이 동양적인 세계관에서는 절대 나올 수가 없는 것도 바로 이러한 세계관의 차이 때문이다.

1492년 콜럼버스의 신대륙 발견 - 이 표현 자체는 몹시 서양적이다. 그 신대륙에는 이미 그 땅의 주인인 원주민들이 살고 있었기 때문이다 - 은 서양과 동양을 갈라놓았다. 콜럼버스가 신대륙을 발견하기 전까지는 동양이 서양보다 모든 면에서 우위에 있었다. 그런데 그 후부터는 서양이 동양을 앞지르기 시작한다.

콜럼버스의 항해 이전에 이미 중국 명나라 시대에 남해 대원정이 있었다. 중국인들은 아프리카까지 항해를 하였지만 서양처럼 정복을 위한 원정은 아니었다. 그러나 서양인들은 신대륙에 도착하자마자 그곳에서 오래 전부터 살고 있었던 원주민들을 내쫓고 자기네들이 그 땅을 발견하였으니 자기네 땅이라고 선언하였다.

똑같은 일에서 서양과 동양의 행동 패턴이 다른 것은 서양의 문명이 정복하고 죽이는 문명이기 때문이다. 이러한 문명에서 무한경쟁, 무한욕망, 무한소유가 나올 수밖에 없다. 욕망을 극대화시키고 소유를 극대화시키고 경쟁을 극대화시키는 것, 바로 이것이 서구적 시스템이 부추기는 삶의 논리이지만 거기에는 인류와 지구 전체를 파멸로 이끄는 함정이 놓여 있다.

푸코와 라깡이 말한 보이지 않는 권력인 욕망이 먹혀 들어가는 시대가 지금 이 시대이다. 여기에서 중요한 것은 '욕망'이다. 자본주의 시스템은 끊임없이 새로운 물건을 만들어내며 그와 동시에 사람들에게 그것을 갖고 싶어 하는 욕망을 심어주기 위해서 온갖 전략을 다 동원한다. 이렇게 생산과 소비, 소모는 인간의 욕망과 뗄 수 없는 연관을 맺고 있다.

현대는 욕망을 고무풍선처럼 한없이 부추기는 시대이다. 인간이 욕구하여 무언가를 차지하는 순간 그것은 이미 낡은 것이 되고, 욕망의 눈길은 새로운 것으로 향하고 있다. 한편으로는 욕망을 심어주어 욕구를 창출해내어 요구의 필요를 만들고, 다른 한편으로는 그러한 수요를 미리 계산하고 기획하여 제품을 만들어내고 소유하여 소비하고 소모하도록 유도한다. 이렇게 욕망의 조작, 욕구에 의한 소모, 새로운 욕망의 조작 등이 계속 꼬리를 물고 이어져 욕망의 끝이 보이지 않도록 하는 것이 자본시장의 생산과 소비전략이다.

이러한 무한욕망의 시대에 기술과 과학의 윤리적 기준은 무엇인가? '할 수 있음'이 그 기준이다. 칸트는 '있음'이라는 존재의 차원이 있고, '할 수 있음'이라는 능력의 차원이 있고, '해야 함'이라는 당위의 차원이 있다고 보았다. 그래서 "너는 할 수 있다. 왜냐하면 너는 해야 하니까"라고 말할 수 있었다. 칸트는 윤리적 당위가 주어져 있으므로 인간은 할 수 있다라고 보았다. '할 수 있음'을 윤리적 당위와 도덕적 실천에서 끌어내었다.

그런데 과학과 기술에서는 '할 수 있음'이 '해야 함'을 지배한다. 도덕의 자리에 이제 기술과 과학이 들어섰다. "너는 해야 한다. 왜냐하면 너는 할 수 있으니까." 과학의 명제는, "할 수 있는 것은 해야 한다. 그리고 할 수 없는 것은 할 수 있는 것으로 만들어야 한다"이다. 이것이 기술과 과학이 갖고 있는 최고의 명제이다.

과학(기술)적으로 할 수 있는데 하지 않는 것은 죄악이다. 할 수 있는 것은 반드시 해야 한다. 이러한 과학의 발명과 발견, 인간의 무한욕망을 부추기는 그 밑바탕에는 돈이 깔려있다. 지금 전세계를 이끌어 가고 있는 것은 자본이다.

## '죽임'이 아닌 '살림'만이 '살길'이다

죽임에 대한 반대급부는 '살림'이다.

생물학적인 단계에서 볼 때 지구상에 허용될 수 있는 인간의 적당한 수는 약 4백만이라고 한다. 그런 생물학적인 단계를 인간은 기술문명으로 넘어선 것이다. 그래서 기원원년인 2,000년 전의 인구는 1억 5천만 명 정도였다고 한다. 1,000년 전에는 4억 5천만 정도였으며, 100년 전인 1900년에는 16억쯤이었다 한다. 21세기 초인 지금 인구의 수는 60억을 넘어섰다. 생물학적인 조건으로 4백만이 살아야 할 지구에 60억 이상이 살고 있는 셈이다.

니체의 표현처럼, 인간은 지구에 부담만 되고 아무짝에도 쓸모 없는 병원체일 뿐인가? 우리 모두는 덤으로 살고 있는 셈이다. 상황이 이처럼 극도의 긴축재정을 요구하고 있는데도 불구하고 우리는 무한히 욕구하고 소유하며, 어떻게 하면 더 많이 소모하나 하며 소비경쟁을 벌이고 있다.

지구에서 생활을 향유하면서 살아갈 수 있는 인구의 적정 숫자는 약 6억 정도라고 한다. 전세계의 사람들이 미국인처럼 욕구하고 소비하면서 살아간다면 지구가 열 개가 있어도 모자랄 것이다. 세계 최고 강대국임을 자랑하는 미국에서도 모든 사람들이 풍족한 생활을 향유하며 사는 것은 아니다. 미국 내에서도 기아선상(飢餓線上)에 있는 사람들의 숫자가 1,200만 명 정도라고 한다.

제1세계 국민들 중에서도 생활을 향유하며 사는 사람들은 3억 5천에 불과하며, 이 사람들을 위하여 제3세계 사람들이 희생되고 착취당하고 있다고 독일의 철학자 회슬러는 말한다. 이러한 소비 중심적인 사고방식으로는 지구가 더 이상 지탱하기 어렵다.

뒤늦게 위기를 느낀 제1세계 선진국가들은 '그린라운드'니 '지구기후 생태협약'이니 하며 호들갑을 떨고 있지만, 이런 것 또한 자신들을 위한 정략적 배려에서 행해지고 있으며 생태기술을 돈을 벌기 위한 수단으로 사용하려 하고 있다. 진정으로 지구를 생각한다면 자신들이 발견한 생태기술을 무상으로 제공해야 할 것이다. 서구화된 아프리카의 몇몇 나라들이 서구화되지 못한 다른 나라들보다 더 못살고 있는 것은 분명 이러한 서구적인 생활양식에 문제가 많다는 것을 단적으로 보여주는 좋은 예이다.

이렇게 지구를 파괴시키는 기술인들의 논리는 "기술의 문제는 기술로 풀어야 한다"이다. 그러나 기술이 아무리 발달해도 인간의 심성과 생활태도가 바뀌지 않는다면 10억의 인구는 계속 굶어죽을 수밖에 없다. 기술을 앞세워서는 지구상에 살고 있는 60억 인구의 먹을거리 문제조차도 제대로 해결할 수 없다.

"지금 우리의 과학기술의 수준으로는 전세계의 인류를 먹여 살릴 수 있다. 그러나 아이러니컬하게도 인류 역사상 현대만큼 굶어죽은 사람이 많은 적이 없었다." 철학자인 마르쿠제는 이렇게 말했다. 음식은 충분하지만 굶어죽는 사람은 더 많다. 왜냐하면 나눔이 없기 때문이다. 도스토예프스키는 이미 오래 전에 "아무리 빵이 넘쳐나도 인간은 절대 자신이 가진 것을 나누려 하지 않는다"고 말했다.

우리 시대 최고의 영성가인 마더 테레사는 "나눔 없이 평화

없다"라고 이야기한다. 무한욕망, 무한경쟁, 무한소비를 삶의 원칙으로 삼아서는 절대 이 지구상의 60억 인구가 다함께 잘 살아갈 수가 없다. 무엇보다 우선 우리가 배워야 할 것은 나누려는 마음의 자세와 욕망의 절제이다.

이제 우리는 "21세기, 생명의 세기를 살아나갈 수 있는 길은 있는가"라는 물음을 진지하게 던져보아야 한다. 경제를 발전시켜서 모든 사람들이 골고루 잘 먹게 하는 일에 과학과 기술이 앞장서야 하지만, 생태계를 파괴하지 않고 모든 사람들이 다함께 살기 위해서는 지구가 견뎌낼 수 있는 적정한 균형 유지가 필요하다.

"환경"이라는 말 자체가 인간이 중심이 되어 생각하고 있음을 간접적으로 시사하고 있다. 그러니 우리는 환경 중심에서 생태 중심으로 생각의 중심축을 바꾸어야 한다. 한국인들은 내가 살아있는 동안, 내 자식과 손자가 살아있는 동안의 일만을 생각한다. 그러나 이와는 반대로 서양인들은 자신들이 살고 있는 땅덩이를 어떻게 하면 먼 훗날의 후손들에게까지 물려줄 수 있을까를 걱정한다. 지금 현재를 기준으로 삼아서가 아니라 아직 태어나지 않은 다음 세대를 생각하는 긴 안목으로 생태문제에 접근해야 한다.

**새로운 삶의 모형은 '살림살이'의 길-지구 살림살이**

우리는 생명의 세계에서 '살림'의 원칙을 배울 수 있고 배워야 한다. 우주적 살림살이의 대 원칙은 '나눔'과 '비움'이다. 우리 한국인의 생활세계에 각인되어 있는 삶의 문법을 고찰해 볼 때, 우리는 거기에서 '살림, 섬김, 비움, 나눔'이라는 살림 살이의 원칙을 찾아낼 수 있다.

예전에 서양은 자기들의 세계만이 유일한 세계이고 나머지 는 모두 변방이라고 보았으며 하나의 진리, 하나의 문화, 하나 의 언어, 하나의 이성만이 있다고 이야기하였다. 그런데 이제 세계는 다원화되어가고 있고, 문화와 가치가 세계에 따라서 다름을 보고 알게 되었다.

서양의 이성은 기계론적이고 합리적이며 과학·기술적이고 계산적인 특성을 띠고 있다. 이러한 서양인의 생활세계적 이 성을 하버마스는 '의사소통적 이성'이라고 이름한다. 그 이성 을 서양인들은 보편적이고 절대적인 것이라고 생각하였지만, 세계에 따라서 이성의 모습도 달라질 수밖에 없다는 것을 이 제는 인정하지 않을 수 없게 되었다. 이것이 하버마스가 말하 는 '생활세계적 이성'이라는 개념 속에 담긴 본래의 뜻이다.

철학은 삶의 세계에서 어떤 생활방식을 표본으로 삼아 그 것을 이론화시키고 합리화시킨다. 그것이 그들 세계의 독특한 이성이며 세계를 보는 눈을 이룬다. 하이데거의 방식으로 이 야기한다면 이것이 '존재의 이해'이고, '존재를 둘러싼 거인 들의 싸움'이다.

이러한 존재이해를 둘러싼 거인들의 싸움에서 자유·평등· 인권·사회정의를 기치로 내건 유럽적인 세계관이 승리하였고 그래서 기계론적이고 합리적이고 과학·기술적이고 계산 가능한 이성이 전세계를 지배하게 되었다. 그러나 다원화된 현대에서는 자기중심적인 시각에서 자신의 이성만을 고집하여서는 화해와 평화를 기대할 수 없고 오직 갈등과 투쟁만이 난무하게 될 것이다. 이제 우리에게 필요한 것은 다른 문화권에서 다른 역사적 배경 속에서 간직되어온 다른 이성의 형태를 알아보고 인정할 수 있는 '가로지르기 이성'이다.

다른 세계관과의 대화, 다른 문화 간의 대화, 다른 종교와의 대화에는 가로지르기 이성이 필요하다. 내 것만을 옳다고 고집하지 않고 상대방의 말에도 귀를 기울여 대화를 나누어 더 보편적인 것을 찾아나서는 열린 자세가 필요한 시점이다. 가로지르기 이성을 전제로 하면서 우리의 생활세계를 되돌아 볼 때, 우리 나름의 독특한 이성은 무엇인가. 우리의 생활세계를 각인한 우리 나름의 생활세계적 이성을 찾아야 하는데, 우리는 그것을 '살림살이의 이성'이라 이름할 수 있다.

우리의 조상들은 천(天)·지(地)·인(人) 합일(合一)의 삶을 살았다. 인간은 하늘과 땅 사이에서 존재하는 '사이존재'이다. 예전에는 천재지변이 일어나면 하늘과 땅 사이를 책임져야 할 인간이 잘못하였기 때문에 이러한 일들이 일어났다고 보았다. 물이 넘쳐 홍수가 났을 때 그 물이 왜 넘쳤는지 원인을 알 수 없으면, 그 고을의 책임자가 천주라고 하는 동헌의 기둥에 피가 나도록 머리를 찧어 인간의 잘못에 대하여 대신 사죄하였다.

우리는 자연을 서양인들처럼 에너지 창고로 본 것이 아니라, 자연에서 인간이 배워야 할 도리를 보았고 따라야 할 덕목을 읽어내었다. 그래서 사람에게 인품(人品)이 있듯이 꽃에게도 화품(花品)이 있다고 보았다. 대나무는 절개, 모란과 작약은 부귀, 개나리와 진달래는 그 분명한 거취가 그 꽃들의 화품(花品)이다. 이러한 도덕의 범위를 짐승에까지 확대하여 벌과 개미에게는 군신의 의(義)가 있고, 원앙에게는 부부의 정(情)이 있고, 기러기에게는 장유유서(長幼有序)의 예(禮)가 있다고 보았다.

또한 우리는 생명체가 아닌 무생물도 그냥 마구 다뤄도 되는 것으로 보지 않았다. 예를 들어, 우리는 물을 특별하게 생각하여 다루었다. 시어머니의 구박을 견디기 어려운 며느리는 팔(八)자를 적은 바가지를 갖고 냇가에 가서 실컷 울고 그 바가지를 쪼개서 냇물에 떠내려 보내어 자신의 한을 풀었다고 한다. 물은 우리에게 생명의 상징적 의미를 간직하고 있다.

우리의 선조들은 비가 온 뒤에 산에 갈 때에는 코가 얼기설기한 짚신을 신고 갔다. 비가 온 뒤에는 길가에 벌레가 많이 나오는데, 그 벌레들을 죽이지 않으려고 그러한 신발을 신었던 것이다. 그리고 산에 갈 때에는 요강 같은 것을 가지고 갔다고 한다. 우리는 '산에 간다'라는 말 대신에 '산에 든다'라는 말을 썼다. 산에 허락 맡고 들어가는 것이지 우리 마음대로 산을 정복하기 위해서 올라가는 것이 아니기 때문이다.

우리는 바로 이러한 한국인의 살림살이에서 지구 살림살이를 위해서 배울 바가 무엇인지를 생각해서 삶의 지침과 새로운 가치관으로 체계화시키도록 노력해야 한다.


　나눔과 비움은 생명의 원칙이다.

　서양인들의 '있음'은 '그 자리를 차지하고 있음'이고 '점유하고 있음'이다. 그들에게 '있음'은 곧 '소유'이다. 그러나 우리의 '있음'은 자리를 차지하는 것이 아니라 오히려 버리고 가는 잠깐 동안의 있음이다.

　이런 있음의 대표적인 예가 보자기이다. 보자기는 그 자체 공간을 거의 차지하고 있지 않지만 그것으로 무엇을 담는가에 따라서, 어떻게 사용하는가에 따라서 책가방도 되고 선물꾸러미도 되고 머리수건도 되고 목도리도 된다.

　예전 우리의 방도 그런 면모를 보여 주었다. 밥상이 들어오면 식당이 되고, 그 밥상 위에 책을 놓고 공부를 하면 서재가 되고, 이불을 펴면 침실이 된다. 하지만 서양의 가구들은 한번 자리를 차지하면 치우기 전까지는 계속 그 가구가 그 자리에 있다.

　서양의 '있음'은 자리를 차지하고 있는 '꽉 채움'이다. 그러한 있음은 인간의 심성을 그대로 반영하고 있다. 인간의 욕망이 있음에도 투영되고 있는 것이다. 이러한 서양의 '있음'이 우리의 삶까지도 지배하게 되면서 예전 우리의 살림살이의 원칙은 사라지고 욕망의 원칙이 우리를 지배하고 있다.

　우리의 '있음'은 '잇음', 즉 '이음'이다. 예전에는 'ㅅ'이 하나였는데 하나가 더 붙어 '있음'이 되었고, 하나가 떨어져 나가 '이음'이 된다. '있음'은 하늘과 땅을 잇고, 때와 때 사이를 이으며, 빔과 빔 사이를, 사람과 사람 사이를, 사물과 사물 사이를 이으며 온갖 종류의 관계를 잇는다. 그리고 무(無)와 무(無), 없음과 없음 사이를 잇는다.

있음은 없음에서 와서 잠시 있음 속에서 없음과 없음 사이를 이으며 있다가 다시 없음 속으로 사라져 버린다. 있음은 무(無)와 무(無) 사이를 잠시 잇다가 자기의 있음을 버리고 사라진다. 우리의 '있음'은 이렇게 자기를 비우는 있음이다. 우리에게 중요한 것은 존재가 아니라 무(無)·공(空)·허(虛), 즉 없음이다. 즉 우리는 있는 것보다는 오히려 없는 것과 더 긴밀한 관계를 맺으며 살아왔다.

존재, 소유, 욕망, 경쟁이라는 서구적인 삶의 문법이 우리의 삶에 파고들어 죽임의 그림자를 드리우고 있다. 그 죽임의 문화가 우리의 삶의 터전인 지구를 황폐화시키고 지구상의 모든 생명체를 몰살시키고 우리들의 생명까지도 멸절시키기 전에 우리는 우리의 삶의 문법 속에 새겨져 있던 살림살이의 원칙을 배워서 오늘날에 되살려 놓아야 한다. 새롭게 다시 살림과 섬김, 비움과 나눔의 가치관을 정립하여 삶의 지침으로 삼아야 한다. 우리의 살림살이의 문법이 지구의 살림살이 문법으로 다시 태어날 수 있기 위해서는 우리 스스로가 이것을 이론화시키고 체계화시켜야 한다.

지구적 살림살이에서 필요한 것은 발상의 전환이다. 서구적인 가치관으로 백인들과 그를 추종하는 세력들은 잘 살 수 있을지 모르지만, 무한경쟁에서 뒤처질 수밖에 없는 대다수의 평범한 지구인들은 곯은 배를 움켜쥐며 인간 이하의 삶을 영위할 수밖에 없을 것이다.

지구촌 시대 지구상의 모든 인간, 모든 생명체, 모든 자연사물을 위해서 사유의 패러다임이 바뀌어야 한다. 이제 우리는 함께 더불어 사는 삶, 함께 같이 사는 법을 배워야 한다. 그것은 결국 나눔의 삶일 수밖에 없다.

지금 해마다 굶어죽는 1억 명 가량의 사람들은 음식이 없어서 굶어죽는 것이 아니라 나눔의 마음이 없기 때문에 죽고 있는 것이다. 나눔의 마음이 없는 한 지구상에는 평화가 있을 수 없고, 무한경쟁이라는 만인의 만인에 대한 투쟁만이 있을 뿐이다.

지금 우리에게 필요한 것은 살아있는 모든 것에서 하늘의 뜻을 읽어내려는 마음가짐이다. 그리고 생명의 신비스러움과 성스러움에 우리의 마음을 열어놓아 생명을 살리고 섬기는 생명의 원칙에 동참하여 우리 자신을 나누고 비울 때 지구의 살림살이에는 아직 희망이 있을 것이다.

**이 땅에서 철학하기 : 살림살이의 길**

살림살이

우리는 예로부터 인간을 하늘과 땅 사이(天地間), 때 사이(時間), 빈 사이(空間), 사람 사이(人間)에서 사이를 나누며 유지하고 보존하며 살아가고 있는 '사이-존재'로 보아 왔다. 이러한 한국인의 생활세계를 보이게 보이지 않게 규정해온 한국인의 삶의 심층문법은 한마디로 '살림살이'이다. 지금 전세계를 하나의 세계로 통합시키면서 무섭게 자신의 지배영역을 지구상의 곳곳으로 뻗치고 있는 원리는 국제자본금융의 경제논리이다. 모든 것을 돈이라는 경제단위로 단일화시킬 수 있는 이 무서운 수량화의 논리 밑바탕에는, 존재하는 모든 것을 표상화하고 나아가 수량화하려 한 서구의 형이상학이 깔려있으며, 우리는 그 이념이 생활세계에서 실현되고 있음을 보고 있는 셈이다. 경제 중심의 생각이 지금 인류를 무한한 욕망에로 부추기며 하나뿐인 지구를 파멸의 낭떠러지로 몰아가고 있음을 이제 서구의 지성인들도 깨닫고 어떻게 하면 경제학과 환경(생태)학을 조화시킬까 고심하고 있다.

그런데 흥미롭게도 경제학(Ökonomie, economy)과 환경(생태)학(Ökologie, ecology)의 어원을 보면 그것은 똑같이 그리스어 'οικος(집, 주거, 거주)'에서 유래한다. 하나는 가정경제(가계운영)에 뿌리를 두고 있고 다른 하나는 주거관리에서 연원하고 있다. 우리에게도 그러한 가정경제와 주거관리가 없었을 리 없기에 거기에 해당되는 우리말을 찾아본다면, 그것은 둘 다 '살림살이'이다. 우리말의 '살림살이'에는 살리는, 다시 말해 죽지 않도록 감싸주고 보살피는 삶의 방식을 가장 중요한 생활자세로 본 우리 선인들의 삶의 철학이 배여 있다. 살림을 생활화해서 그것을 우리 삶의 일로 삼아 그렇게 살아가는 삶의 자세가 '살림살이'라는 낱말 속에 간직되어 있는 것이다. 모든 것을 수량화하여 죽여버리는 '경제학'이 아니라 모든 것을 살도록 감싸주고 보살펴주는 '살림살이'에서는 생태계 파괴의 꼬투리도 찾을 수 없다. 그렇다면 개별 생명체의 멸종과 지구 절멸의 위기에 봉착한 현대인이 그 위기에서 벗어날 수 있는 대안을 찾는 마당에서 살림을 생활해온 이 땅의 선조들의 삶의 철학에서 많은 것을 배울 수 있지 않겠는가?

'살리다'는 사역동사로서 '살게 하다', 달리 말해 '죽지 않도록 하다'를 뜻한다. '살다'와 '살리다'에는 근본적인 차이가 있다. '살다'는 자동사로서 '목숨을 지니고 있다' '없어지거나 사라지지 않고 있다'를 뜻한다. 이와는 다르게 '살리다'는 그냥 살고 있는 것이 아니라 살아있음과 독특한 관계를 맺고 있음을 부각시킨다. 살아있음의 상태를 바람직한 가치로서 인정하고 받아들여 살아있는 것이 그 살아있음을 유지하고 보존할 수 있도록 배려하고 보살피는 것을 의미한다. 사람은 다른 살아있는 것들과 마찬가지로 살아있는 것이긴 하지만 그냥 살아있는 것이 아니라 모든 살아있는 것의 '살아있음'에 관여하고 있는 존재이다. 이렇듯 살아있음을 가치로서 소중히 대하는 생활방식은, 그것을 '생명(生命)'이라고 명명하며 거기에서 살아있도록 보살펴야 하는 명령을 보고, 아무리 미물일지라도 살아있는 것은 천명을 받고 거기에 있는 것으로 간주하도록 하였다. 우리말 '생명'은 서양어인 'vita, life, vie, leben' 등에서 표현되고 있는 단순한 '삶'이 아니다. 생명이란 낱말은 생물, 유기체, 목숨 등과 같은 비슷한 단어들로는 감지될 수 없는 성스러움의 분위기를 풍기고 있다. 그것은 한마디로 살아있음에서 그 살아있음을 유지하고 보존해야 함을 말없이 전달하고 있는 하늘의 뜻을 알아보아야 함이 전해지고 있다. 따라서 '살림'이 란 살아있는 모든 것을 죽지 않고 살아있도록 보살피고 보호 해야 하는 인간의 생명론적 역할을 함축하고 있다.

살아있음에 동참하고 살아있음의 질서를 알아야, 다시 말해 나서 살다가 죽어 사라져버리는 우주적 생명의 대원칙을 알아 볼 수 있어야 '살림살이'의 임무를 제대로 수행할 수 있을 것 이다. 그러면 '살다'라는 현상을 우리 한국인들은 어디에서 보 고 있으며 그 실마리는 어디에서부터 얻고 있으며 그것을 어 디까지 적용하여 사용하였는가?

### 삶을 앎 : 사람

우리말의 '살다'는 목숨을 지니고 있는 생물이 목숨을 유지 하려고 움직이는 모든 동작을 다 지칭하는 낱말이면서 그 어 원을 추적해 들어가면 생명의 에너지를 불살라가는 전 과정을 뜻한다. 살아있는 모든 것은 부여받은 생명의 에너지를 불사 르다가 마치 촛불이 꺼져버리듯이 그렇게 사라져버린다. 우리 는 존재하는 모든 것이 어떤 형태로든 열과 힘을 지니고 있으 며 그 열과 힘을 지니고 있는 한 그 형태로 있다가 자신의 열 과 힘을 다 써버리고 사라져 버린다는 것을 안다. 우주의 별들 도 다 자신의 열과 힘을 태우면서 우주에 반짝이며 존재하다 가 열과 힘이 소진되면 산산이 부서져 우주 속으로 사라져버린다. 그런 한에서 우리는 별들의 탄생과 죽음을 이야기한다. '살다'라는 낱말 속에 간직되어 있는 우리 민족의 상상력과 기억을 파헤쳐 본다면 그 밑바탕에는 연소작용, 즉 불을 사르는 현상이 놓여 있다고 할 수 있다. 불이 타오르는 화산을 살아있는 화산(활화산)이라고 하는 데에서도 보듯이 불사름의 현상에서 유추하여 살아있는 생명현상도 그렇게 설명한 것이다. '살다'라는 말은 원초적으로 보아 불이 타고 에너지가 정지상태에서 운동상태로 옮아간다는 뜻에서 비롯되었다고 할 수 있다. 에너지는 태양에서 비롯되기에 태양은 예로부터 불의 상징이었고 삶의 바탕인 대지를 생성시키는 '화생토(火生土)'의 본거지이며 모든 생명체를 유지시키는 에너지 공급원이다. 태양의 에너지를 받아 정지상태에서 운동상태로 가는 것이 넓은 의미의 '사르다' '살다'를 뜻한다면 땅 위, 하늘 아래에 있는 변화하여 움직이는 모든 것은 사름(삶)을 명 받은 생명체라고 할 수 있을 것이다. 땅 위, 하늘 아래에, 다시 말해 하늘과 땅 사이에 있는 생명체 중에서 사람은 바로 이러한 사름을 알기에 그것을 살려 사름이 계속 진행되도록 돕는 전형적인 '사름'이 아니겠는가. 그래서 인간은 그러한 사름을 사는 '사람'일 뿐 아니라 그러한 삶을 알기에 앎을 살면서 살림살이를 사는 '삶앎(>사람)'인 것이다.

### 생명의 원칙 : 비움과 나눔 그리고 섬김

이렇듯 우리 한국인은 존재하는 모든 것에서 고정된 '있음'

을 본 것이 아니라 모든 것이 끊임없이 변화되어 가는 '살아있음'을 보았다. 살아있음은 정지된 채로 있는 것이 아니라 끊임없이 움직이는 것이며 '되어 가는' 것이다. 모름지기 생명체는 그러한 생명의 흐름에 보조를 맞추어 잘 되어가야 하며, 살림을 생활화해야 하는 사람은 더욱 말할 것도 없다. 그래서 우리는 그렇게 생명의 원칙을 잘 따르는 사람을 '된 사람'이라 부르고 그렇지 못한 사람은 '못된 사람'이라고 부른다. 우주적 생명사건에 동참하며 잘 되어 가는 생명체는 자신을 고집하지도 공간에 집착하지도 시간에 매달리지도 않는다. 오로지 하늘과 땅 사이에 자신을 내맡기며 되어 감(변화)의 원칙을 따른다. 이 '되어 감'의 원칙에서 우리가 주목해야 할 것은 '비움'이고 없어짐이며 사라짐이다. 되어 감에서 우주현상의 본질적인 차원을 감지했을 때 거기에서 부각될 수 있는 근본 개념은 '있음(존재)'이 아니라 '없음(無, 空)'이다. 있음이란 없음과 없음을 잇고 있는 순간적인 연결고리일 뿐이다. 존재하는 모든 것은 무에서 생겨나 주어진 삶의 에너지를 불사르며 존재 속에서 되어 가다가 에너지를 다 소진한 뒤에는 다시 무 속으로 사라져 간다. 우리 한국인들에게는 '있음'이 놀라움의 대상이 아니라 오히려 바로 이러한 '없음'이 경탄과 사색의 대상이었다. 무수한 별무리들을 다 감싸안고 있는 저 무한한 천공이 한없이 너르며, 시간 속에서도 한결같이 늘 그러한 하늘(한늘=끝없이 크고 늘 그러한)이 놀라움과 경배의 대상이었다. 온갖 것을 다 살게 하고 있는 저 광활한 빈탕한 데(虛空)는 분명 없는 것이면서도 동시에 있는 것이다. 우리 한국인은 이러한 '없이 있는 것'에 매료되었다. 우주적 생명을 유지하고 있는 것도 분명 이러한 없이 있는 어떤 것이라는 확신을 갖게 되었으며, 그것을 '하늘님(하느님)'이라고 숭배했다. 우리는 하느님의 '없이 계심'에서 살림살이의 원칙을 유추해낼 수 있다. 우주적 생명의 본질은 '있음'에 있지 않고 '비움'에, 즉 '없이 있음'에 있다는 것을 간파하였다. 이렇게 없이 있으며 모든 변화하는 것을 움직이며 되어가도록 하는 것을 우리는 '거룩한 신' '거룩한 영'으로 보았다. 우주의 모든 곳을 두루 꿰고 있으며 우주적 생명을 유지·보존하고 있는, 없이 있는 신령한 존재를 우리는 '한얼'이라 명명하였다. 우리는 변화하는 모든 것에서, 특히 살아 움직이는 모든 것에서 하늘의 명인 얼을 알아보고 그것들이 그것들로서 따로 서서 사이를 나누면서 그것들의 되어 감이 잘 전개되도록 도와야 한다. 그렇게 존재하는 모든 것을 그것으로서 서도록 도우면서 우리는 없이 계신 한얼을 섬기는 것이다. '섬김'이란 존재하는 모든 것들이 나서 그 자신으로 서서 우주적 생명의 전개과정에 편입되도록 관여하는 것이며 그렇게 하여 존재하는 모든 것 속에 살아 숨쉬고 있는 '한얼'을 알아보고 모시는 것이다.

'산다'는 것은 큰 눈으로 멀리 볼 때 자신을 살라 버리고 없애 버려 우주적 생명의 얼에 동참하는 것임을, 그렇게 자신을 가르고 나누어 우주적 생명을 살리는 것임을 알 수 있다. '나누다'는 나서 갈라져 나가고 또 나서 갈라져 나가는 식으로 끊임없이 자신을 가르고 나누어 생명의 전개과정에 동참하는, '사이를 나누는' 살림살이의 대원칙이다. 새롭게 나서 그 자신으로 서서 자신의 고유한 생명을 펼쳐나갈 수 있도록 생명을 나눠갖는 것이 곧 '나눔'이다. 갈라지지 않기를 고집하는 사람은 생명의 질서, 생명의 흐름, 숨돌이와 피돌이를 막는 자이다. 자신을 나누어 갖기를 거부하는 사람은, 자기를 비우기를 거부하는 사람은 생명의 반역자들이다. 이렇게 '비움'과 '나눔'은 우주적 살림살이의 대원칙이다.

우리말 속에서 확인할 수 있는 이러한 세계관에서부터 우리는 우리 선조들의 살림살이를 유추해낼 수 있다. 한국인의 삶은 하늘과 땅 그리고 인간이 하나가 되어 존재하는 모든 것과 생명의 교감을 나누며 살아온 천지인 합일의 삶이었다. 천지인이 하나의 거대한 우주적 생명체를 이루고 그 안에서 만나는 모든 것을 살아있는 우주 또는 자연의 일부로 보고 사는 생명중심주의의 삶이었다. 우주적 생명력을 지니고 있는 자연을 인간이 그에 따라 살아가야 하는 삶의 도리를 배우고 실천해야 하는 장으로 여긴 자연동화주의의 삶이었다. 이러한 자연관과 생명관을 가진 한국인에게 생명체는 단순히 감각을 가진 동물만이 아니고 자신의 복제능력을 가진 유기체만도 아니며 진동·순환·팽창 속에서 나름대로 우주적 생명의 생성과 전개과정에 참여하고 있는 모든 것이 다 살아있는 생명체이다. 인간은 우주 진화의 꽃으로서 자신 안에 이러한 모든 우주 생성과 진화의 열매를 간직하고 있을 뿐 아니라 그것을 알아내고 그 우주 진화에 능동적으로 참여할 수 있고 참여해야 한다. 거기에 인간의 위대함과 동시에 또한 책임의 막중함이 있는 것이다. 이러한 우주적 생명의 생성에 동참하여 살아있는 모든 것을 살아있도록 해주어야 하는 것이 인간의 과제이며 그러한 인간의 생활양식을 우리는 '살림살이'라고 불렀다. 다시 말해 살림의 생활이며 살림을 생활화하는 '살이'인 것이다.

우리의 삶의 문법이었던 '살림살이'는 분명 숨돌이와 피돌이가 막혀 죽어가고 있는 하나뿐인 지구를 살리고 그 안의 모든 생명체를 살릴 수 있는, 새 천년을 위한 새로운 대안적 삶의 지표가 될 수 있다. 이제 인간은 지구상에 살고 있는 모든 생명체들을 살리며 보존해야 하는 지구 살림지기로서 생명의 그물을 지켜나가야 한다. 그럴 때 생명의 그물은 인간을 자기 그물의 한 그물코로 받아들이며 생명의 그물망을 함께 짜나갈 것이다.

우리 한국인의 삶의 길라잡이였던 불전은 우리가 취해야 할 살림살이의 태도를 이렇게 설하고 있다.

"꽃의 아름다움과 색깔, 그리고 향기를 전혀 해치지 않은 채 그 꽃가루만을 따가는 저 벌처럼 그렇게 잠깬 이는 이 세상을 살아가야 한다."(『법구경』, 제4장 49절)

"모든 흙과 물은 다 나의 옛 몸이고 모든 불과 바람은 다 나의 진실한 본체이다. 그러므로 항상 방생을 하고 세세생

생 생명을 받아 항상 머무르는 법으로 다른 사람도 방생하게 해야 한다. 만일 세상 사람이 축생을 죽이고자 하는 것을 보았을 때는 마땅히 방편을 써서 구호해 괴로움을 풀어주어야 한다."(『大正藏』, 제24책)[18]

우리는 하늘과 땅 사이에 있는 모든 존재를 '돌보고 보살펴야' 할 '사이-존재'이다.

## 주

1) 김재철, 『지도를 거꾸로 보면 한국인의 미래가 보인다』, 김영사, 2000, 참조.
2) 예룬 라머스, 「한국시론」, 2002년 7월 20일자.
3) 김재철, 『지도를 거꾸로 보면 한국인의 미래가 보인다』, p.130.
4) 김재철, 앞의 책, p.245 참조.
5) 김재철, 앞의 책, p.267 참조.
6) 다석 류영모는 불교와 노장(老莊)과 공맹(孔孟) 사상을 두루 깊이 탐구하고 그리스도교의 성서를 체득하여 동·서양을 아우르는 통합사상을 삶의 지표로 만들어 실천하였다. 일일(一日), 일식(一食)과 좌선(坐禪)을 통해서 몸을 닦고 우주의 얼인 한얼과 일치하는 삶을 살려고 노력한 영성가이다.
7) 남영신, 『국어 천년의 실패와 성공』, 한마당, 1998 참조.
8) 이정호(편), 『훈민정음. 해설 역주』, 한국도서관학연구회, 1972, p.30.
9) 이정호 편, 같은 책, p.8.
10) 같은 책, pp.9–10.
11) 이정호, 「훈민정음의 글자 지은 풀이」, 같은 책, p.35.
12) 같은 책, pp.37–8.
13) 정호완, 『우리말의 상상력. 우리말 어휘의 기원을 통해 본 겨레의 정서와 의식구조』, 정신세계사, 1991, p.32.
14) 정호완, 같은 책, pp.41–2.
15) 같은 책, p.58.
16) 같은 책, p.59.
17) Fritjof Capra, 1939~ : 카프라는 오스트리아 빈 대학에서 물리학 박사학위를 받았으며, 유럽과 미국의 여러 대학에서 고에너지 물리학을 연구하고 가르쳤다. 현대 과학의 철학적 의미를 주제로 폭넓게 글을 쓰고 강의와 강연을 하였다. 국제적인 생태문제 연구 조직인 엘름우드 연구소를 창설하였다.
18) 고영섭, 「불교의 생태관. 연기와 자비의 생태학」, 『생태문제와 인문학적 상상력』, 나남출판, 1999, p.159에서 다시 따옴.

프랑스엔 〈크세주〉, 일본엔 〈이와나미 문고〉,
한국에는 〈살림지식총서〉가 있습니다.

📖 전자책 | 🔍 큰글자 | 🔊 오디오북

# 이 땅에서 우리말로 철학하기

| 펴낸날 | 초판 1쇄 2003년 8월 30일 |
| | 초판 5쇄 2021년 7월 1일 |

| 지은이 | 이기상 |
| 펴낸이 | 심만수 |
| 펴낸곳 | (주)살림출판사 |
| 출판등록 | 1989년 11월 1일 제9-210호 |

| 주소 | 경기도 파주시 광인사길 30 |
| 전화 | 031-955-1350 팩스 031-624-1356 |
| 홈페이지 | http://www.sallimbooks.com |
| 이메일 | book@sallimbooks.com |

| ISBN | 978-89-522-0123-2 04080 |
| ISBN | 978-89-522-0096-9 04080(세트) |

## 026 미셸 푸코　　eBook

양운덕(고려대 철학연구소 연구교수)

더 이상 우리에게 낯설지 않지만, 그렇다고 손쉽게 다가가기엔 부담스러운 푸코라는 철학자를 '권력'이라는 열쇠를 가지고 우리에게 열어 보여 주는 책. 권력은 어떻게 작용하는가에서 논의를 시작하여 관계망 속에서의 권력과 창조적·생산적·긍정적인 힘으로서의 권력을 이야기해 준다.

## 027 포스트모더니즘에 대한 성찰　　eBook

신승환(가톨릭대 철학과 교수)

포스트모더니즘의 역사와 논의를 차분히 성찰하고, 더 나아가 서구의 근대를 수용하고 변용시킨 우리의 탈근대가 어떠한 맥락에서 이해되는지를 밝힌 책. 저자는 오늘날 포스트모더니즘으로 대변되는 탈근대적 문화와 철학운동은 보편주의와 중심주의, 전체주의와 이성 중심주의에 대한 거부이며, 지금은 이 유행성의 뿌리를 성찰해 볼 때라고 주장한다.

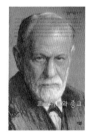

## 202 프로이트와 종교　　eBook

권수영(연세대 기독상담센터 소장)

프로이트는 20세기를 대표할 만한 사상가이지만, 여전히 적지 않은 논란과 의심의 눈초리를 받고 있다. 게다가 신에 대한 믿음을 빼앗아버렸다며 종교인들은 프로이트를 용서하지 않을 기세이다. 기독교 신학자인 저자는 이 책을 통해 종교인들에게 프로이트가 여전히 유효하며, 그를 통하여 신앙이 더 건강해질 수 있다는 점을 보여 주려 한다.

## 427 시대의 지성 노암 촘스키　　eBook

임기대(배재대 연구교수)

저자는 노암 촘스키를 평가함에 있어 언어학자와 진보 지식인 중 어느 한 쪽의 면모만을 따로 떼어 이야기하는 것은 불합리하다고 말한다. 이 책에서는 촘스키의 가장 핵심적인 언어이론과 그의 정치비평 중 주목할 만한 대목들이 함께 논의된다. 저자는 촘스키 이론과 사상의 본질에 다가가기 위한 이러한 시도가 나아가 서구 사상을 받아들이는 우리의 자세와도 연결된다고 믿고 있다.

## 024 이 땅에서 우리말로 철학하기

이기상(한국외대 철학과 교수)

우리말을 가지고 우리의 사유를 펼치고 있는 이기상 교수의 새로운 사유 제안서. 일상과 학문, 실천과 이론이 분리되어 있는 '궁핍의 시대'에 사는 우리에게 생활세계를 서양학문의 식민지화로부터 해방시키고, 서양이론의 중독으로부터 벗어나야 한다고 역설한다. 저자는 인간 중심에서 생명 중심으로의 변환과 관계론적인 세계관을 담고 있는 '사이 존재'를 제안한다.

## 025 중세는 정말 암흑기였나          eBook

이경재(백석대 기독교철학과 교수)

중세에 대한 친절한 입문서. 신과 인간에 대한 중세인의 의식을 다루고 있는 이 책은 어떻게 중세가 암흑시대라는 일반적인 인식을 가지게 되었는지에 대한 물음을 추적한다. 중세는 비합리적인 세계인가, 중세인의 신앙과 이성은 어떠한 관계를 갖고 있는가 등에 대한 논의를 하고 있다.

## 065 중국적 사유의 원형          eBook

박정근(한국외대 철학과 교수)

중국 사상의 두 뿌리인 『주역』과 『중용』을 철학적 관점에서 접근한다. '산다는 것은 무엇인가?'라는 근원적 질문으로부터 자생한 큰 흐름이 유가와 도가인데, 이 두 사유의 흐름을 거슬러 올라가다 보면 그 둘이 하나로 합쳐지는 원류를 만나게 된다. 저자는 『주역』과 『중용』에 담겨 있는 지혜야말로 중국인의 사유세계를 지배하는 원류라고 말한다.

## 076 피에르 부르디외와 한국사회          eBook

홍성민(동아대 정치외교학과 교수)

부르디외의 삶과 저작들을 통해 그의 사상을 쉽게 소개해 주고 이를 통해 한국사회의 변화를 호소하는 책. 저자는 부르디외가 인간의 행동이 엄격한 합리성과 계산을 근거로 행해지기보다는 일정한 기억과 습관, 그리고 사회적 전통에 영향을 받는다는 사실로부터 시작한다는 점을 강조한다.

## 096 철학으로 보는 문화　　eBook

신응철(숭실대 인문과학연구소 연구교수)

문화와 문화철학 연구에 관심 있는 사람을 위한 길라잡이로 구상된 책. 비교적 최근에 분과학문으로 등장하기 시작한 문화철학의 논의에 반드시 들어가야 할 요소를 선택하여 제시하고, 그 핵심 내용을 제공한다. 칸트, 카시러, 반 퍼슨, 에드워드 홀, 에드워드 사이드, 새무얼 헌팅턴, 수전 손택 등의 철학자들의 문화론이 소개된다.

## 097 장 폴 사르트르　　eBook

변광배(프랑스인문학연구모임 '시지프' 대표)

'타자'는 현대 사상에 있어 가장 중요한 개념 중 하나이다. 근대가 '자아'에 주목했다면 현대, 즉 탈근대는 '자아'의 소멸 혹은 자아의 허구성을 발견함으로써 오히려 '타자'에 관심을 갖게 되었다. 그리고 타자이론의 중심에는 사르트르가 있다. 사르트르의 시선과 타자론을 중점적으로 소개한 책.

## 135 주역과 운명　　eBook

심의용(숭실대 강사)

주역에 대한 해설을 통해 사람들의 우환과 근심, 삶과 운명에 대한 우리의 자세를 말해 주는 책. 저자는 난해한 철학적 분석이나 독해의 문제로 우리를 데리고 가는 것이 아니라 공자, 백이, 안연, 자로, 한신 등 중국의 여러 사상가들의 사례를 통해 우리네 삶을 반추하는 방식을 취한다.

## 450 희망이 된 인문학　　eBook

김호연(한양대 기초 · 융합교육원 교수)

삶 속에서 배우는 앎이야말로 인간의 운명을 바꿀 수 있는 기회를 준다. 그래서 삶이 곧 앎이고, 앎이 곧 삶이 되는 공부를 하는 것이 무엇보다 중요하다. 저자는 인문학이야말로 앎과 삶이 결합된 공부를 도울 수 있고, 모든 이들이 이 공부를 할 수 있어야 한다고 믿는다. 특히 '관계와 소통'에 초점을 맞춘 인문학의 실용적 가치, '인문학교'를 통한 실제 실천사례가 눈길을 끈다.

eBook 표시가 되어있는 도서는 전자책으로 구매가 가능합니다.

㈜살림출판사
www.sallimbooks.com
주소 경기도 파주시 문발동 522-1 | 전화 031-955-1350 | 팩스 031-955-1355